Spanish for Medical Personnel

Fourth Edition

Ana C. Jarvis
Chandler-Gilbert Community College

Raquel Lebredo
California Baptist College

D. C. Heath and Company
Lexington, Massachusetts   Toronto

Cover: We Know They Made Pottery and Lived in Elaborately Decorated Rooms, 48″ × 55″, watercolor, © 1988, by Lisa Houck.

Published simultaneously in Canada.

Printed in the United States of America.

International Standard Book Number: 0-669-24296-9

As one of the five career manuals in the *Basic Spanish Grammar,* Fourth Edition, program, *Spanish for Medical Personnel,* Fourth Edition, presents the specialized vocabulary that is needed by people working in health professions. It also provides students with opportunities to apply, in a wide variety of practical contexts, the grammatical structures introduced in the corresponding lessons of the *Basic Spanish Grammar* core text.

Features of the New Edition

- Each of the twenty lessons of *Spanish for Medical Personnel* focuses on a situation commonly encountered by healthcare professionals, such as a routine physical exam, basic laboratory tests, or the delivery of a baby.
- Realistic dialogues model typical conversations and present the words and expressions that doctors, nurses, medical technicians, and other personnel need in the course of their work.
- A revised grammatical sequence now provides earlier practice of the familiar (*tú*) command, which is introduced in Lesson 11 of *Basic Spanish Grammar.*
- The end-of-lesson vocabulary expansion sections teach additional terms that are useful for communicating in the situations presented in the lessons.
- A vocabulary review after every five lessons helps students check their understanding of key words and phrases.
- Supplementary readings appear after every five lessons and discuss illnesses such as diabetes, cancer, AIDS, and heart disease. The accompanying exercises check comprehension and provide conversational practice within the context of the reading.
- The Appendix has been expanded and revised to include a tapescript for "Introduction to Spanish Sounds" (on cassette), so students can more readily study Spanish pronunciation.
- The audiocassette program for *Spanish for Medical Personnel* has been revised in accordance with changes made in the lessons.
- A sample vocabulary quiz and two final exams for *Spanish for Medical Personnel* are available in a separate booklet that also includes the testing program for the *Basic Spanish Grammar* core text.
- The new Instructor's Edition of *Basic Spanish Grammar* offers suggestions for organizing, testing, and grading classes for career-oriented students.

Organization of the Lessons

- A Spanish dialogue introduces key vocabulary and grammatical structures in the context of a practical medical situation.
- The English translation of the dialogue follows the Spanish version so students can quickly check their understanding of specific words and phrases.
- A new vocabulary list summarizes words and phrases introduced in the dialogue and categorizes them by part of speech. Cognates are presented in a special section so that students can easily identify and use these terms.
- A multistep practice section provides opportunities for students to use new vocabulary and grammar in the context of the lesson theme and includes the following types of activities:
  —Dialogue recall exercises that help students learn key phrases and familiarize themselves with the elements of a typical conversation.
  —Structural exercises that provide practice of important grammar points using the new vocabulary.
  —Question-answer exercises that check comprehension of the dialogue and also elicit personal, topically-related ideas and experiences.
  —Dialogue completion exercises that encourage students to apply their own experiences and imaginations while practicing new vocabulary and grammar.
  —Situational exercises that explore what one might say in specific circumstances related to the theme of the lesson. For example, Lesson 3 (concerning a visit to the pediatrician) poses a situation in which a doctor explains to a child's mother how to treat a fever.
  —Open-ended "Cases," or roleplays, that provide opportunities for pairs of students to enact situations similar to those they might encounter in their work as healthcare professionals.

At the conclusion of Lessons 1–15, an optional vocabulary expansion section focuses on additional words and phrases that are useful in the context of the lesson. For example, Lesson 10 (*En la sala de emergencia*) includes terms related to emergency medical personnel. A practice exercise accompanies each vocabulary expansion section.

Lecturas

Four supplementary readings (one after every five lessons) present basic information about diabetes, cancer, AIDS, and heart disease. Each reading passage is accompanied by a model conversation related to the topic. Follow-up questions check students' comprehension of the reading and conversation.

Vocabulary Review Sections

A vocabulary review section appears after every five lessons to allow students to check their progress. Each review section contains five exercises, including matching, true/false statements, sentence completion, and crossword puzzles. Crossword puzzle solutions appear in Appendix C.

Appendixes

- Appendix A, "Introduction to Spanish Sounds," is the tapescript for the opening pronunciation section on the accompanying audiocassette program. It briefly explains each Spanish vowel and consonant sound and the concept of linking. Examples and practice are included.
- Appendix B, "Spanish Pronunciation," offers a more detailed exploration of Spanish sounds, outlining the basic rules and principles governing pronunciation with helpful suggestions for improving pronunciation.
- Appendix C, "Answer Key to the *Crucigramas*," supplies the solutions to the crossword puzzles found in the vocabulary review sections.
- The comprehensive Spanish-English/English-Spanish Vocabulary includes all the words and expressions introduced in the twenty lessons.

Audiocassette Program

Spanish for Medical Personnel, Fourth Edition is accompanied by a complete audiocassette program containing "Introduction to Spanish Sounds" (Appendix A), followed by the dialogue and the vocabulary list for each lesson.

A FINAL WORD

The many students who have used *Spanish for Medical Personnel* in previous editions have enjoyed learning and practicing their new language in realistic contexts. We hope that the Fourth Edition will prepare today's students to better communicate with the Spanish-speaking people whom they encounter in their work as healthcare professionals.

We would like to hear your comments on and reactions to *Spanish for Medical Personnel* and to the *Basic Spanish Grammar* program in general. Reports of your experiences using this program would be of great interest and value to us. Please write to us care of D. C. Heath and Company, Modern Languages, College Division, 125 Spring Street, Lexington, Massachusetts 02173.

Acknowledgments

We wish to thank our colleagues who have used previous editions of *Spanish for Medical Personnel* for their constructive comments and suggestions.

We also wish to express our gratitude to the editorial and production staff of D. C. Heath and Company. José Blanco, Nicole Cormen, Katherine McCann, Gina Russo, and Denise St. Jean provided us with assistance and encouragement during the preparation of the manuscript.

Ana C. Jarvis
Raquel Lebredo

CONTENTS

The Human Body

The diagrams on these pages show the important parts of the human body. Study them carefully and refer to them, because you will encounter them frequently throughout the book.

El cuerpo humano (The Human Body)

Vista anterior (Front View)
La mujer (Woman)

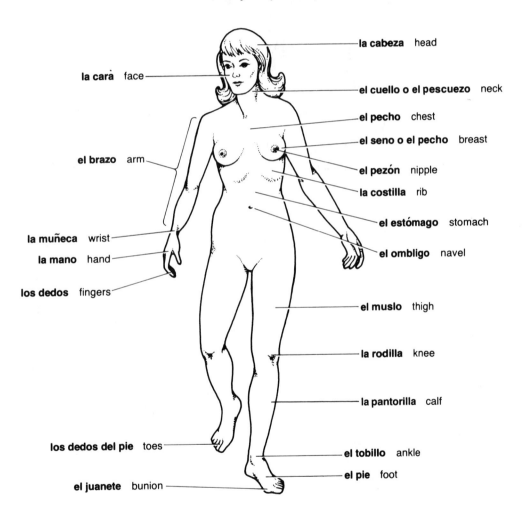

la cara face

el brazo arm

la muñeca wrist

la mano hand

los dedos fingers

los dedos del pie toes

el juanete bunion

la cabeza head

el cuello o el pescuezo neck

el pecho chest

el seno o el pecho breast

el pezón nipple

la costilla rib

el estómago stomach

el ombligo navel

el muslo thigh

la rodilla knee

la pantorilla calf

el tobillo ankle

el pie foot

El cuerpo humano (The Human Body)

Vista posterior (Rear View)
El hombre (Man)

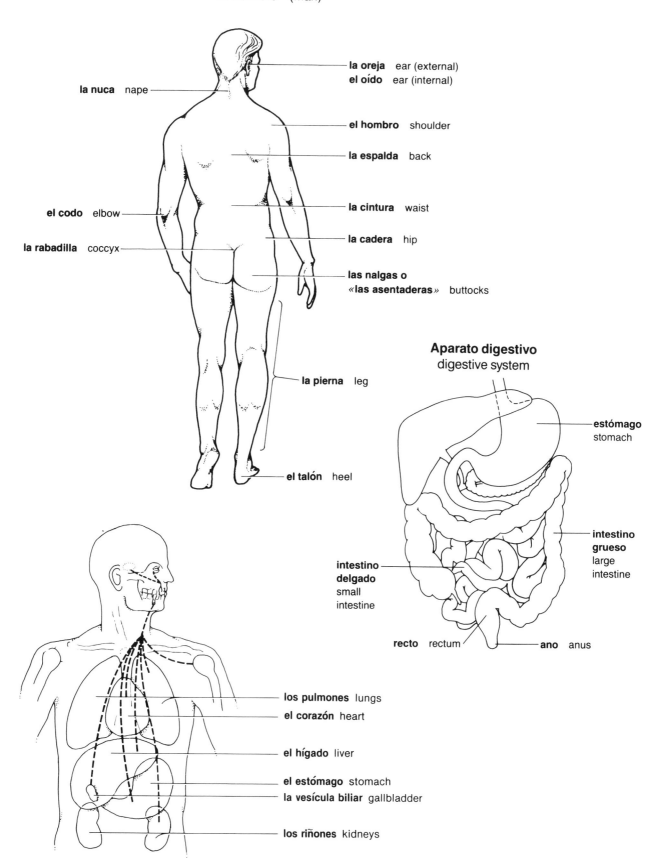

la oreja ear (external)
el oído ear (internal)

la nuca nape

el hombro shoulder

la espalda back

la cintura waist

el codo elbow

la cadera hip

la rabadilla coccyx

**las nalgas o
«las asentaderas»** buttocks

la pierna leg

el talón heel

Aparato digestivo
digestive system

estómago
stomach

**intestino
grueso**
large
intestine

**intestino
delgado**
small
intestine

recto rectum

ano anus

los pulmones lungs
el corazón heart

el hígado liver

el estómago stomach
la vesícula biliar gallbladder

los riñones kidneys

La cabeza (The Head)

Vista anterior (Front View)

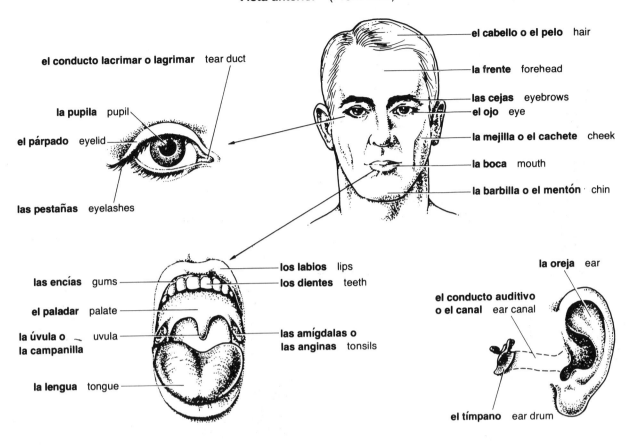

el conducto lacrimar o lagrimar tear duct

la pupila pupil

el párpado eyelid

las pestañas eyelashes

el cabello o el pelo hair

la frente forehead

las cejas eyebrows

el ojo eye

la mejilla o el cachete cheek

la boca mouth

la barbilla o el mentón · chin

las encías gums

el paladar palate

la úvula o
la campanilla uvula

la lengua tongue

los labios lips

los dientes teeth

las amígdalas o
las anginas tonsils

la oreja ear

el conducto auditivo
o el canal ear canal

el tímpano ear drum

La cabeza (The Head)

Vista de perfil (Side View)

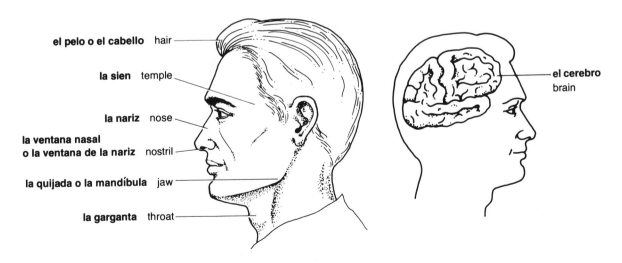

el pelo o el cabello hair

la sien temple

la nariz nose

la ventana nasal
o la ventana de la nariz nostril

la quijada o la mandíbula jaw

la garganta throat

el cerebro
brain

ix

El esqueleto (skeleton)

la columna vertebral
the spine

Los huesos (The bones)

el craneo skull

las costillas ribs

la cadera hip bone

x

En el consultorio

El paciente y la recepcionista:

RECEPCIONISTA   —Buenos días, señor.
PACIENTE   —Buenos días, señorita. Necesito hablar[1] con la doctora Gómez, por favor.
RECEPCIONISTA   —Nombre y apellido, por favor.
PACIENTE   —Jorge Vera.
RECEPCIONISTA   —¿Quién paga la cuenta, señor Vera? ¿Usted o el seguro?
PACIENTE   —El seguro.
RECEPCIONISTA   —La tarjeta de seguro médico, por favor.
PACIENTE   —Aquí está.
RECEPCIONISTA   —Gracias. Ahora necesita llenar la planilla, por favor.
PACIENTE   —Muy bien. (*El paciente llena la planilla.*)

Entra la doctora Gómez y toma la planilla. El paciente habla con la doctora.

DOCTORA GÓMEZ   —¿Cuánto pesa usted?
PACIENTE   —Yo peso ciento setenta libras.
DOCTORA GÓMEZ   —¿Cuánto mide?
PACIENTE   —Cinco pies, nueve pulgadas
DOCTORA GÓMEZ   —(*Mira la hoja clínica.*) Ajá… dolor de cabeza… dolor de estómago… y náuseas…
PACIENTE   —Sí, doctora. Vomito a menudo. Siempre después de las comidas.
DOCTORA GÓMEZ   —¿Vomita sangre?
PACIENTE   —No, no vomito sangre.
DOCTORA GÓMEZ   —Bueno, necesitamos radiografías y análisis de sangre.
PACIENTE   —Muy bien, doctora.

✳ ✳ ✳

At the Doctor's Office

The patient and the receptionist:

RECEPTIONIST: Good morning, sir.
PATIENT: Good morning, miss. I need to speak with Dr. Gómez, please.
RECEPTIONIST: Name and surname, please.
PATIENT: Jorge Vera.
RECEPTIONIST: Who is paying the bill, Mr. Vera? You or the insurance company?
PATIENT: The insurance company.
RECEPTIONIST: The medical insurance card, please.
PATIENT: Here it is.
RECEPTIONIST: Thank you. Now you need to fill out the form, please.
PATIENT: Very well. (*The patient fills out the form.*)

---

[1] When two verbs are used together, the second verb remains in the infinitive: Necesito **hablar**

1

INFORMACIÓN SOBRE EL PACIENTE (Llenar con letra de imprenta.)

_____

Fecha: 3/10/1992

Sr.
Sra.
Srta. ..... Vera ..... Jorge ..... Luis .....
　　　　　Apellido　　　　Nombre　　　　Segundo Nombre

Dirección: ... Magnolia 913 Riverside ... CA ... 92314 ...
　　　　　Calle　　　　　　　　　　Ciudad　　Estado　　　Zona
　　　　　　　　　　　　　　　　　　　　　　　　　　　　Postal

Teléfono: ..... 686-9236 .....

566-77-4832 ..... 4 de mayo de 1950 ... 42 .....
Número de seguro social ..... Fecha de nacimiento ... Edad

Ocupación: ... Mecánico .....

Número de la licencia para conducir: ... A 06 964 803 .....

Lugar donde trabaja: ..... AMCO .....

Estado civil: ..... Casado ..... Nombre del esposo: .....
　　　　　　　　　　　　　　　　　Nombre de la esposa: ... Julia ...

En caso de emergencia llamar a: ..... Julia Vera .....

Teléfono: ... 686-9236 .....

Nombre de la compañía de seguro: ..... Blue Cross .....

Número de póliza: ... 792573 .....

Firma: ... Jorge Vera .....

Dr. Gómez comes in and takes the form. _The patient speaks with the doctor._

DR. GÓMEZ: How much do you weigh?
PATIENT: I weigh a hundred and seventy pounds.
DR. GÓMEZ: How tall are you?
PATIENT: 5 feet, 9 inches.
DR. GÓMEZ: (_Looking at the medical history_) Aha . . . headache . . . stomachache . . . and nausea . . .
PATIENT: Yes, doctor. I vomit often. Always after meals.

---

[1] In most Spanish-speaking countries the day of the month is placed first: 3/10/1989　October 3, 1989.

PATIENT INFORMATION (Please print.)

_____

Date: ....

Mr.
Mrs.
Miss ....
      Last Name   First Name   Middle Name

Address: ....
       Street   City   State   Zip
                                                   Code

Telephone: ....

....
Social Security Number   Date of Birth   Age

Occupation: ....

Driver's License Number: ....

Place of Employment: ....

Marital Status: .... Spouse's Name: ....

In case of emergency call: ....

Telephone: ....

Insurance Company: ....

Policy Number: ....

Signature: ....

DR. GÓMEZ:	Do you throw up blood?
PATIENT:	No, I don't throw up blood.
DR. GÓMEZ:	Well, we need X-rays and (a) blood test.
PATIENT:	Very well, doctor.

VOCABULARY

COGNATES

la **compañía** company

la **emergencia** emergency

la **información** information

la **ocupación** occupation

el, la **paciente** patient

la **póliza** policy

el, la **recepcionista** receptionist

social social

NOUNS

el **análisis** test

el **análisis de sangre** blood test

la **comida** meal

la **compañía de seguro** insurance company

el **consultorio** doctor's office

la **cuenta** bill

la **esposa** wife

el **esposo** husband

la **firma** signature

la **hoja clínica** medical history

la **letra** letter, handwriting

la **letra de imprenta** print, printed letter

la **libra** pound

la **planilla** form

el **pie** foot

la **pulgada** inch

la **radiografía** X-ray

la **sangre** blood

el **segundo nombre** middle name

el **seguro** insurance

la **tarjeta** card

la **tarjeta de seguro médico** medical insurance card

VERBS

entrar to enter, to go (come) in

llamar to call

llenar to fill out

mirar to look at

pagar to pay

pesar to weigh

tomar to take

vomitar, arrojar to throw up, to vomit

OTHER WORDS AND EXPRESSIONS

a menudo often

ahora now

ajá aha

aquí está here it is

con with

¿Cuánto...? How much . . .?

¿Cuánto mide (Ud.)? How tall are you?

después (de) after

dolor de cabeza headache

dolor de estómago stomachache

en caso de in case of

o or

¿Quién...? Who . . .?

siempre always

sobre about

DIALOGUE RECALL PRACTICE

Study the dialogue you have just read; then complete the sentences below. If you cannot recall some words, reread the dialogue, focusing on the words you missed and learning them within the context of the sentences in which they appear.

El paciente y la recepcionista:

RECEPCIONISTA —............................ .... , señor.

---

[1]See pages 210-211 in *Basic Spanish Grammar* for rules on cognates.

PACIENTE —Buenos días, ... Necesito ....

.... doctora Gómez,

....

RECEPCIONISTA —Nombre .... , por favor.

PACIENTE —Jorge Vera.

RECEPCIONISTA —¿Quién ....

.... , señor Vera? ¿Usted o el .... ?

PACIENTE —El ....

RECEPCIONISTA —La tarjeta de .... , por favor.

PACIENTE —Aquí ....

RECEPCIONISTA —Gracias. Ahora ....

.... planilla, por favor.

PACIENTE —........................... .... (*El paciente llena la*

planilla.)

Entra la doctora Gómez y toma la planilla. El paciente habla con la doctora.

DOCTORA GÓMEZ —¿Cuánto .... ?

PACIENTE —Yo .... ciento setenta ....

DOCTORA GÓMEZ —¿Cuánto .... ?

PACIENTE —Cinco .... , nueve ....

DOCTORA GÓMEZ —(*Mira la hoja clínica.*) —Ajá... ....

.... dolor ....

.... y ....

PACIENTE —Sí, doctora. .... a menudo. Siempre

.... las ....

DOCTORA GÓMEZ —¿Vomita .... ?

PACIENTE —No, no ....

DOCTORA GÓMEZ —Bueno, necesitamos .... y .... de

....

PACIENTE —........................... .... , doctora.

5

LET'S PRACTICE

A. Write sentences using the subjects and verbs given.

1. el paciente / entrar

....

2. el seguro médico / pagar

....

3. el señor Vera / llenar

....

4. la recepcionista / mirar

....

5. la señorita García / pesar

....

B. Now make each one of the sentences you wrote in Exercise A negative.

1. ....

2. ....

3. ....

4. ....

5. ....

LET'S TALK!

Answer the following questions based on the dialogue.

1. ¿Con quién necesita hablar el paciente?

....

2. ¿Quién paga la cuenta: el señor Vera o el seguro?

....

3. ¿Qué necesita llenar el paciente?

....

4. ¿Cuánto pesa el señor Vera?   (¿Cuánto mide?)

....

5. ¿Vomita el paciente después de las comidas?

....

6. ¿Vomita sangre?

....

7. ¿Qué necesita la doctora Gómez?

....

Some additional questions:

8. ¿Nombre y apellido, por favor.

....

9. ¿Cuánto pesa Ud.?

....

10. ¿Cuánto mide?

....

11. ¿Vomita Ud. a menudo?

....

12. ¿Necesita Ud. hablar con un médico?

....

DIALOGUE COMPLETION

Use your imagination and the vocabulary you have learned in this lesson to fill in the missing parts of the following dialogues.

A.   La recepcionista y el paciente:

PACIENTE   — ....

RECEPCIONISTA   —Buenos días.   ¿Cómo se llama usted?

PACIENTE   — ....

RECEPCIONISTA   —¿Lugar donde trabaja?

PACIENTE — ....

RECEPCIONISTA —La tarjeta de seguro médico, por favor.

PACIENTE — ....

RECEPCIONISTA —Ahora necesita llenar la planilla.

PACIENTE — ....

B. El doctor Rivas y la paciente:

El doctor Rivas mira la hoja clínica.

DOCTOR RIVAS —...

PACIENTE —Sí, mucho dolor de estómago y dolor de cabeza.

DOCTOR RIVAS —...

PACIENTE —Sí, vomito a menudo.   Siempre después de las comidas.

DOCTOR RIVAS —...

PACIENTE —Sí, a menudo vomito sangre.

DOCTOR RIVAS —...

PACIENTE —Muy bien, doctor.

PATIENT INFORMATION

Fill out the form below as if you were the patient.

INFORMACIÓN SOBRE EL PACIENTE (Llenar con letra de imprenta)

_____

Fecha: ....

Sr.
Sra.
Srta. ....
    Apellido   Nombre   Segundo nombre

Dirección: ....
    Calle   Ciudad Estado   Zona Postal

Teléfono: ....

....
Número de seguro social   Fecha de nacimiento   Edad

Occupación:[1] ....

Número de la licencia para conducir: ....

Lugar donde trabaja: ....

Estado civil: ....   Nombre del esposo: ....
                                        Nombre de la esposa: ....

En caso de emergencia llamar a: ....

Teléfono: ....

Nombre de la compañía de seguro: ....

Número de póliza: ....

Firma: ....

---

[1]For a list of occupations refer to Appendix D in *Basic Spanish Grammar*.

SITUATIONAL EXERCISES

What would you say in the following situations?

1. You are a receptionist. A patient comes into the office in the afternoon and you ask him, after greeting him, if he needs to speak with the doctor (*fem.*). You then ask him if the insurance company is paying the bill. Finally, you tell him that now he needs to fill out the form.
2. You are the doctor. You greet your patient (it's morning), Mrs. Valenzuela, and you ask her how she is. Ask her how much she weighs and how tall she is. Then tell her you need X-rays and (a) blood test.

CASES

Act out the following situations with a partner.

1. Receptionist and patient coming to the doctor's office
2. Doctor with a patient who has stomach trouble

VOCABULARY EXPANSION (Optional)

Some useful questions and phrases:

¿Dónde le duele?   Where does it hurt?

Necesita una radiografía de
- la **cabeza**   head
- la **espalda**   back
- el **pecho**   chest
- la **rodilla**   knee
- la **mano**   hand
- la **pierna**   leg
- la **muñeca**   wrist

Necesita un análisis de
- **orina**   urine
- **materia fecal**   stool, feces
- **esputo**   sputum

Me duele
- el **estómago**   stomach
- el **vientre**   abdomen
- el **oído**   ear
- la **garganta**   throat, neck
- **aquí**   here

Me duelen[1]
- los **pies**   feet
- las **piernas**   legs
- los **brazos**   arms
- los **dientes**   teeth
- los **dedos**   fingers

---

[1]Used with plural nouns.

Lesson 2

En el hospital

La enfermera habla con los pacientes en la sala.

Con la señorita López:

ENFERMERA	—¿Qué desea comer[1] hoy, señorita?
SEÑORITA LÓPEZ	—Deseo sopa, pollo, y de postre, fruta.
ENFERMERA	—¿Qué desea tomar?[1]
SEÑORITA LÓPEZ	—Leche fría y agua, por favor.
ENFERMERA	—¿Y mañana, para el desayuno?
SEÑORITA LÓPEZ	—Jugo de naranja, cereal y tostadas con mantequilla.

Con el señor Ramos:

ENFERMERA	—¿Todavía tose mucho, señor Ramos?
SEÑOR RAMOS	—Sí, necesito el jarabe para la tos, por favor.
ENFERMERA	—Ud. fuma mucho, señor. No debe fumar tanto.
SEÑOR RAMOS	—No, señorita, sólo fumo una cajetilla al día.
ENFERMERA	—Ajá… Bueno, necesitamos muestras de orina y materia fecal para los análisis.

Con la señora Díaz:

ENFERMERA	—Señora Díaz, ¿usa Ud. dentadura postiza, anteojos o lentes de contacto?
SEÑORA DÍAZ	—Uso anteojos para leer.
ENFERMERA	—¿Necesita Ud. algo?
SEÑORA DÍAZ	—Sí, necesito otra almohada y una frazada, y también la pastilla para el dolor.
ENFERMERA	—Muy bien. ¿Desea orinar ahora?
SEÑORA DÍAZ	—Sí, por favor.
ENFERMERA	—Bien, aquí está la chata.

✳ ✳ ✳

At the Hospital

The nurse speaks with the patients in the ward.

With Miss López:

NURSE:	What do you want to eat today, miss?
MISS LÓPEZ:	I want soup, chicken, and for dessert, fruit.
NURSE:	What do you want to drink?
MISS LÓPEZ:	Cold milk and water, please.
NURSE:	And tomorrow, for breakfast?
MISS LÓPEZ:	Orange juice, cereal, and toast and butter.

---

[1]*Remember:* When two verbs are used together, the second verb remains in the infinitive: desea **comer;** debe **fumar**

With Mr. Ramos:

NURSE: Are you still coughing a lot, Mr. Ramos?
MR. RAMOS: Yes, I need the cough syrup, please.
NURSE: You smoke a lot, sir. You shouldn't smoke so much.
MR. RAMOS: No, miss, I only smoke one pack a day.
NURSE: Aha . . . Well, we need (a) urine sample and (a) stool specimen for testing.

With Mrs. Díaz:

NURSE: Mrs. Díaz, do you wear dentures, glasses, or contact lenses?
MRS. DÍAZ: I wear glasses to read.
NURSE: Do you need anything?
MRS. DÍAZ: Yes, I need another pillow and a blanket, and also a pain pill.
NURSE: Very well. Do you want to urinate now?
MRS. DÍAZ: Yes, please.
NURSE: Fine, here's the bedpan.

VOCABULARY

VOCABULARY

COGNATES

el **cereal**   cereal
mucho   much, a lot
fruta   fruit

los **lentes de contacto**   contact lenses
sufrir   to suffer

NOUNS

el **agua**   water (*f.*)
la **almohada**   pillow
los **anteojos,** las **gafas,** los **espejuelos**   glasses
la **cajetilla**   pack of cigarettes
la **chata,** la **cuña**   bedpan
la **dentadura postiza**   dentures
el **desayuno**   breakfast
el **dolor**   pain
la **enfermera**   nurse
la **frazada,** la **manta,** la **cobija**   blanket
el **jugo**   juice
el **jugo de naranja**   orange juice
la **leche**   milk
la **mantequilla**   butter
la **muestra**   sample, specimen
la **muestra de orina**   urine sample, specimen
la **muestra de materia fecal**   stool specimen
la **pastilla**   pill
el **pollo**   chicken

el **postre**   dessert
la **sala**   ward
la **sopa**   soup
la **tos**   cough
la **tostada**   toast

VERBS

deber   should, must
desear   to want, to wish
fumar   to smoke
orinar   to urinate
tomar   to drink, to take
toser   to cough
usar   to wear

ADJECTIVES

frío(a)   cold
otro(a)   other, another

12

OTHER WORDS AND EXPRESSIONS

al día   a day
algo   anything, something
bueno   well
jarabe para la tos   cough syrup
mañana   tomorrow
para   for

pero   but
sólo   only
también   also
tanto   so much
todavía   still, yet

DIALOGUE RECALL PRACTICE

Study the dialogue you have just read; then complete the sentences below. If you cannot recall some words, reread the dialogue, focusing on the words you missed and learning them within the context of the sentences in which they appear.

Con la señorita López:

ENFERMERA   —¿Qué desea .... , señorita?

SEÑORITA LÓPEZ   —................................. sopa, pollo, ...

.... , fruta.

ENFERMERA   —¿Qué desea .... ?

SEÑORITA LÓPEZ   —Leche .... y .... ,

....

ENFERMERA   —¿Y .... para el .... ?

SEÑORITA LÓPEZ   —Jugo de .... , ...

.... con mantequilla.

Con el señor Ramos:

ENFERMERA   —¿Todavía .... , señor Ramos?

SEÑOR RAMOS   —Sí, necesito ....

.... , por

favor.

ENFERMERA   —Ud. .... , señor. No

.... fumar ....

SEÑOR RAMOS   —No señorita, sólo fumo .... al día.

ENFERMERA   —Ajá... Bueno, necesitamos .... de orina y

.... para los

....

13

Con la señora Díaz:

ENFERMERA —Señora Díaz, ¿usa Ud. .... postiza, anteojos o

.... de contacto?

SEÑORA DÍAZ —Uso .... para ....

ENFERMERA —¿........................... Ud. algo?

SEÑORA DÍAZ —Sí, ... almohada y una

.... y también la pastilla ....

....

ENFERMERA —Muy bien. ¿Desea .... ahora?

SEÑORA DÍAZ —Sí, ...

ENFERMERA —Bien, aquí está ....

LET'S PRACTICE!

Complete the following sentences with the Spanish equivalent of the words in parentheses.

1. La señora Ramos llama .... (*the nurse*)

2. Necesito .... cobija. (*another*)

3. Uds. .... tanto. (*shouldn't smoke*)

4. Carmen y yo .... en la calle Lima. (*live*)

5. Deseo tomar .... (*cold milk*)

6. Necesita tomar .... (*two red pills*)

7. ¿Todavía .... mucho, señora? (*you're coughing*)

8. Roberto .... usar lentes de contacto. (*decides*)

9. El doctor visita .... (*the patients*)

10. Necesito .... (*other glasses*)

LET'S TALK!

Answer the following questions based on the dialogue.

1. ¿Qué desea comer la señorita López?

....

14

2. ¿Qué desea de postre?

....

3. ¿Qué desea para el desayuno?

....

4. ¿Qué desea tomar?

....

5. ¿Tose mucho el señor Ramos?

....

6. ¿Qué toma para la tos?

....

7. ¿Qué necesita la enfermera para los análisis?

....

8. ¿Usa espejuelos la señora Díaz?

....

9. ¿Qué necesita la señora Díaz?

....

10. ¿Necesita la chata la señora Díaz?

....

Some additional questions.

11. ¿Come Ud. mucha fruta?

....

12. ¿Deseas tomar leche fría o jugo de naranja?

....

13. Toso mucho. ¿Qué debo tomar?

....

14. ¿Fuma Ud.? (¿Cuántas cajetillas al día?)

....

15. ¿Necesita Ud. anteojos para leer?

....

DIALOGUE COMPLETION

Use your imagination and the vocabulary you have learned in this lesson to fill in the missing parts of the following dialogues.

A. La enfermera y el señor García:

ENFERMERA — ....

SEÑOR GARCÍA —No uso dentadura postiza, pero sí uso lentes de contacto.

ENFERMERA — ....

SEÑOR GARCÍA —No, pero necesito otra frazada.

ENFERMERA — ....

SEÑOR GARCÍA —Sí, señorita, toso mucho.

ENFERMERA — ....

SEÑOR GARCÍA —No, yo no fumo mucho, sólo una cajetilla al día.

ENFERMERA — ....

SEÑOR GARCÍA —No, no deseo orinar ahora.

B. La enfermera y la señorita Ortiz:

ENFERMERA — ....

SEÑORITA ORTIZ —Deseo tomar leche fría.

ENFERMERA — ....

SEÑORITA ORTIZ —No, no deseo agua, gracias.

ENFERMERA — ....

SEÑORITA ORTIZ —Para el desayuno deseo jugo de naranja y cereal.

ENFERMERA — ....

SEÑORITA ORTIZ —No, no deseo tostadas con mantequilla.

ENFERMERA — ....

SEÑORITA ORTIZ —Para comer deseo pollo y sopa.

ENFERMERA — ....

SEÑORITA ORTIZ —No, no deseo postre.

C. La enfermera y la señora Mora:

ENFERMERA —Necesito una muestra de orina para los análisis.

16

SEÑORA MORA	— ....
ENFERMERA	—No, no necesito muestra de materia fecal. ¿Cómo está Ud. hoy?
SEÑORA MORA	— ....
ENFERMERA	—¿Desea tomar la pastilla para el dolor?
SEÑORA MORA	— ....
ENFERMERA	—Aquí está. ¿Necesita agua?
SEÑORA MORA	— ....

SITUATIONAL EXERCISES

What would you say in the following situations?

1. You are a nurse. Ask your patient if he wears contact lenses or glasses. Then ask him if he needs another pillow or a blanket.
2. You are a patient. Tell the nurse you want toast and butter and milk for breakfast. Tell her also that today you want to eat soup, salad, and chicken. Tell her you want to drink orange juice.
3. You are a doctor. Tell your patient that you need a urine sample and a stool specimen, and ask him if he is still coughing a great deal. Tell him that he shouldn't smoke so much.

CASES

Act out the following situations with a partner.

1. A nurse and her patient talking about lunch and breakfast
2. A nurse asking her patient about the things he or she needs

VOCABULARY EXPANSION (Optional)

Ud. debe
- **ir a la oficina de admisión**   go to the admissions office
- **llenar la planilla de admisión**   fill out the admissions form
- **firmar la autorización**   sign the authorization
- **ingresar en el hospital**   be admitted to the hospital

Deseo jugo de
- **toronja**   grapefruit
- **piña**   pineapple
- **tomate**   tomato
- **manzana**   apple
- **uvas**   grapes
- **pera**   pear
- **durazno (melocotón)**   peach

Debe tomar
- dos **tabletas**   tablets
- dos **cápsulas**   capsules
- un **calmante**   a pain killer
- la **medicina**   the medicine
- un **sedativo**   a tranquilizer

Lesson 3

En la oficina de la doctora Méndez, pediatra

La señora Leyva lleva a su hijo a la oficina de la dòctora Méndez. Da su nombre y toma un número, y los dos van a la sala de espera. Al rato, la enfermera llama a Miguel Leyva. La señora Leyva y su hijo van a un cuarto y esperan a la doctora.

Con la enfermera:

ENFERMERA	—¿Cuál es el problema de su hijo, señora Leyva?
SEÑORA LEYVA	—Está resfriado, y como él es asmático, sufre mucho, pobrecito.
ENFERMERA	—A ver… Su temperatura es alta… ciento tres grados… ¿Qué tal el apetito?
SEÑORA LEYVA	—Come muy poco y siempre está cansado.
ENFERMERA	—Está muy pálido… ¡Ah! Aquí está la doctora.

Con la doctora Méndez:

DOCTORA MÉNDEZ	—Miguel está muy delgado. Pesa sólo cuarenta libras. Muy poco para un niño de siete años.
SEÑORA LEYVA	—Mi hijo come muy poco, doctora. Y siempre está estreñido y aventado…
DOCTORA MÉNDEZ	—Quizá está anémico… Necesitamos un análisis de sangre.
SEÑORA LEYVA	—¿Cree usted que es algo grave?
DOCTORA MÉNDEZ	—No… pero el niño necesita vitaminas, hierro y proteína.
SEÑORA LEYVA	—¿Y para el catarro y la fiebre? ¿Necesita penicilina? Él es alérgico a la penicilina.
DOCTORA MÉNDEZ	—No, su hijo no necesita penicilina.
SEÑORA LEYVA	—¿Necesita alguna medicina?
DOCTORA MÉNDEZ	—Sí, unas cápsulas. Debe tomar una después de cada comida y una antes de dormir.[1]
SEÑORA LEYVA	—Bueno.
DOCTORA MÉNDEZ	—El niño debe tomar mucho líquido, señora. Aquí está la receta.
SEÑORA LEYVA	—Muy bien. Ahora mismo vamos a una farmacia para comprar la medicina. ¿Debe tomar aspirinas para la fiebre?
DOCTORA MÉNDEZ	—No, debe tomar Tylenol para niños. Si la fiebre pasa de 101 grados debe tomar dos cucharaditas cada cuatro horas. Si la fiebre no baja deben regresar mañana.
SEÑORA LEYVA	—Muchas gracias, doctora.

✳ ✳ ✳

In the Office of Dr. Mendez, Pediatrician

Mrs. Leyva takes her son to Dr. Méndez's office. She gives her name and takes a number, and the two (of them) go to the waiting room. A while later, the nurse calls Miguel Leyva. Mrs. Leyva and her son go to a room to wait for the doctor.

With the nurse:

NURSE:	What is your son's problem, Mrs. Leyva?

---

[1] After prepositions Spanish uses an infinitive: antes **de dormir**.

MRS. LEYVA:	He has a cold, and since he is (an) asthmatic, he suffers a great deal, the poor little thing.
NURSE:	Let's see. . . . His temperature is high . . . one hundred and three degrees. . . . How is his appetite?
MRS. LEYVA:	He eats very little and he is always tired.
NURSE:	He is (looks) very pale . . . Ah! Here's the doctor.

With Doctor Méndez:

DR. MÉNDEZ:	Miguel is very thin. He weighs only forty pounds. Very little for a seven-year-old boy.
MRS. LEYVA:	My son eats very little, doctor. And he's always constipated and bloated.
DR. MÉNDEZ:	Perhaps he's anemic. We need (to do) a blood test.
MRS. LEYVA:	Do you think it's anything serious?
DR. MÉNDEZ:	No . . . but the boy needs vitamins, iron, and protein.
MRS. LEYVA:	And for the cold and the fever? Does he need penicillin? He is allergic to penicillin.
DR. MÉNDEZ:	No, your son doesn't need penicillin.
MRS. LEYVA:	Does he need any medicine?
DR. MÉNDEZ:	Yes, some capsules. He must take one after each meal and one before sleeping.
MRS. LEYVA:	Fine.
DR. MÉNDEZ:	The boy must drink a lot of liquid, madam. Here is the prescription.
MRS. LEYVA:	Very well. We are going to a pharmacy right now to buy the medicine. Should he take aspirins for the fever?
DR. MÉNDEZ:	No, he must take Tylenol for children. If the fever is higher than 101 degrees, he must take two teaspoons every four hours. If the fever doesn't go down, you must return tomorrow.
MRS. LEYVA:	Thank you very much, doctor.

VOCABULARY

COGNATES

alérgico(a) allergic	la **inyección**[1] injection
anémico(a) anemic	el **líquido** liquid
el **apetito** appetite	la **medicina,** el **remedio** medicine
asmático(a) asthmatic	la **penicilina** penicillin
la **aspirina** aspirin	la **proteína** protein
la **cápsula** capsule	la **temperatura** temperature
la **farmacia** pharmacy	la **vitamina** vitamin

NOUNS

el **catarro, resfrío** cold
el **cuarto** room
la **cucharadita** teaspoonful
la **fiebre** fever
el **grado** degree
el **hierro** iron
la **hora** hour
la **niña** girl, child (f.)
el **niño** boy, child (m.)

el, la **pediatra** pediatrician
el(la) **pobrecito(a)** poor (little thing)
la **receta** prescription
la **sala de espera** waiting room

VERBS

bajar to go down

---

[1]Also **puya** (*Puerto Rico*) and **chuzón** (*Colombia*)   20

comprar to buy
creer to think, to believe
deber must, should
dormir to sleep
regresar to return

ADJECTIVES

alto(a) high
aventado(a) bloated
cansado(a) tired
delgado(a) tired
estreñido(a)[1] constipated
grave serious
pálido(a) pale

OTHER WORDS AND EXPRESSIONS

ahora mismo[2] right now
al rato a while later
alguno(a) any
antes (de) before
cada every, each
cada vez each time
como since
¿Cuál...? What . . . ?, Which . . . ?
estar resfriado(a), acatarrado(a) to have a
  cold

los dos the two of them
poco little (*quantity*)
¿Qué tal...? How about . . . ?, How is
  (are) . . . ?
quizá(s) perhaps, maybe
si if
¿verdad? right?, true?

DIALOGUE RECALL PRACTICE

**Study the dialogue you have just read; then complete the sentences below. If you cannot recall
some words, reread the dialogue, focusing on the words you missed and learning them within the
context of the sentences in which they appear.**

Con la enfermera:

ENFERMERA   —¿Cuál es ....

                .... ,

                señora Leyva?

SEÑORA LEYVA   —Está .... , y como él ....

                .... , ... mucho, pobrecito.

ENFERMERA   —A ver... Su ....

                .... ciento tres .... ¿Qué tal

                .... ?

                —Come .... y

SEÑORA LEYVA   .... cansado.

ENFERMERA   —............................... muy .... ¡Ah!

                .... está ....

[1]Also **tupido(a)** (*Mex.*) and **estíptico(a)** (*Colombia*)
[2]**ahorita** in some Latin American countries

21

Con la doctora Méndez:

DOCTORA MÉNDEZ —Miguel ....

.... Pesa .... cuarenta

.... Muy poco ....

.... siete

....

SEÑORA LEYVA —Mi hijo ....

.... , doctora. Y siempre ....

.... y ....

DOCTORA MÉNDEZ —Quizá .... Necesitamos un

.... de ....

SEÑORA LEYVA —¿Cree usted ....

.... ?

DOCTORA MÉNDEZ —No... pero el niño necesita .... , ...

y ....

SEÑORA LEYVA —¿Y para el .... y la .... ? ¿Necesita
.... ? Él es .... a la ....

DOCTORA MÉNDEZ —No, su .... no ....

SEÑORA LEYVA —¿Necesita .... ?

DOCTORA MÉNDEZ —Sí, unas .... Debe tomar ....

....

.... y una ....
dormir.

SEÑORA LEYVA —Bueno.

DOCTORA MÉNDEZ —El niño debe ....

.... , señora. Aquí está ....

....

SEÑORA LEYVA —Muy bien. Ahora mismo ....

.... para comprar

.... ¿Debe tomar

....

.... ?

DOCTORA MÉNDEZ —No, debe .... para .... Si la fiebre

.... de .... debe tomar ....

.... cada .... Si la

fiebre .... , deben ....

....

SEÑORA LEYVA —Muchas .... , ...

LET'S PRACTICE

A. Complete the following sentences, using the present indicative of *ser* or *estar*. Then read each sentence aloud.

    1. ¿Cuál .... el problema de su hijo?

    2. Ellos .... muy cansados.

    3. Yo no .... alérgico a la penicilina.

    4. ¿Tú .... el hijo de la señora Vega?

    5. ¿........................... algo grave, doctora?

    6. Aquí .... el remedio para el catarro.

    7. Nosotras no .... enfermeras. .... pediatras.

    8. La enfermera .... de Chile.

    9. .... unas cápsulas amarillas.

    10. Yo .... muy estreñido.

B. Complete the following sentences using the correct form of the present indicative of *ir*, *dar* or *estar*. Then read each sentence aloud.

    1. Yo .... resfriado.

    2. Nosotros no .... nuestro número de teléfono.

    3. ¿........................... usted a la farmacia ahora mismo?

4. El pobre .... estreñido y aventado.

5. Tú .... en tu cuarto.

6. Yo .... mi dirección.

7. Aquí .... la receta.

8. ¿............................ Uds. a la oficina de la doctora Vega?

9. Yo no .... a la farmacia.

10. Nosotros .... en la sala de espera.

11. Ellos no .... su nombre.

12. Tú .... al hospital.

C. **You are needed as an interpreter. Translate the following sentences into Spanish.**

1. Mrs. Vega's son needs a shot (an injection) of penicillin.

....

2. Our son must return tomorrow.

....

3. You are (look) very pale today.

....

4. I'm anemic. I need protein, iron, and vitamins.

....

5. His son is (an) asthmatic, poor little thing.

....

6. He is constipated and bloated.

....

LET'S TALK!

Answer the following questions based on the dialogue.

1. ¿A dónde lleva la señora Leyva a su hijo?

....

2. ¿Cuál es el problema de Miguel?

....

3. ¿Cuánto pesa Miguel?

....

4. ¿Qué necesita el niño para la anemia?   (¿Y para el catarro y la fiebre?)

....

5. ¿Cuándo debe tomar las cápsulas?

....

6. ¿A dónde van la señora Leyva y su hijo ahora mismo?

....

7. ¿Qué debe tomar el niño para bajar la fiebre?

....

8. Si la fiebre no baja, ¿cuándo deben regresar?

....

Some additional questions:

9. ¿Está Ud. resfriado(a)?

....

10. ¿Qué tal el apetito?   ¿Come Ud. bien?

....

11. ¿Necesita Ud. hierro? (¿vitaminas?, ¿proteína?)

....

12. ¿Es Ud. alérgico(a) a alguna medicina?

....

13. Estoy resfriado(a).   ¿Debo tomar mucho líquido?

....

14. ¿Dónde compra usted las medicinas?

....

15. ¿Toma usted aspirinas para la fiebre? (¿para el resfrío?)

....

DIALOGUE COMPLETION

Use your imagination and the vocabulary you have learned in this lesson to fill in the missing parts of the following dialogues.

A. La doctora y el paciente:

DOCTORA —...

PACIENTE —Estoy resfriado y muy cansado.

DOCTORA —...

PACIENTE —Como muy poco. Estoy muy delgado. Peso sólo ciento diez libras.

DOCTORA —...

PACIENTE —Bueno, yo tomo vitamina C, pero no tomo hierro...

B. La enfermera y la madre de un paciente:

ENFERMERA —...

SEÑORA CALLES —¡Ay, sí! ¡Es muy alta! ¿Qué debe tomar?

ENFERMERA —...

SEÑORA CALLES —¿Y si no baja la fiebre?

ENFERMERA —...

SEÑORA CALLES —¿Necesita otras medicinas?

ENFERMERA —...

SEÑORA CALLES —Ahora mismo voy a la farmacia para comprar la medicina.

SITUATIONAL EXERCISES

What would you say in the following situations?

1. You are the doctor. Tell a mother that her son must take two aspirins every four hours, and that he must return if the fever doesn't go down.
2. You are the nurse. After giving a patient the doctor's prescription, tell her she must take four capsules: one after each meal and one before sleeping. Tell her also that she must rest and drink plenty of liquids.
3. You are the patient. Tell the doctor that you are constipated and bloated, and that you don't eat very much. Ask him if he thinks it is serious.
4. You are the doctor. Tell your patient that he may be anemic and that you need to have a blood test.

CASES

Act out the following situations with a partner.

1. A mother talking to a nurse about her son's problem
2. A doctor giving instructions to a patient who has a cold and a high fever

VOCABULARY EXPANSION (Optional)

Tome
(take)
Dele
(Give him/her)
} una **cucharada**
(a tablespoonful)
una **cucharadita**
(a teaspoonful)
} **antes de cada comida** before each meal
con las comidas with meals
entre comidas between meals
en ayunas before eating anything
al acostarse at bedtime
al levantarse first thing in the morning (when you get up)

¿Es alérgico (a) {
a **algún alimento?** any food
a la **inyección contra el tétano?** the tetanus shot
a la **sulfa?** sulfur
a **algún cosmético o perfume?** any cosmetic or perfume
al **polen?** pollen

Lesson 4

Con el ginecólogo

La señora Mora no tiene menstruación desde enero y va al consultorio del doctor Aranda. El doctor Aranda es ginecólogo.

Con el doctor Aranda:

SEÑORA MORA —Creo que estoy embarazada, doctor; no tengo la menstruación desde enero.
DOCTOR ARANDA —Vamos a ver. ¿Tiene dolor en los senos? ¿Están duros o inflamados?
SEÑORA MORA —Sí, doctor, y están más grandes. También tengo los tobillos muy hinchados.
DOCTOR ARANDA —¿Tiene mareos, náusea?
SEÑORA MORA —Sí, todas las mañanas.
DOCTOR ARANDA —¿Está cansada?
SEÑORA MORA —Sí, estoy muy débil, siempre estoy cansada y tengo dolor de espalda.
DOCTOR ARANDA —Quizás tiene anemia. ¿Tiene dolores durante las relaciones sexuales?
SEÑORA MORA —Sí, tengo mucho dolor.
DOCTOR ARANDA —¿Orina con frecuencia?
SEÑORA MORA —Sí, con mucha frecuencia.
DOCTOR ARANDA —¿Algún[1] malparto o aborto?
SEÑORA MORA —No, ninguno.

El doctor examina a la paciente.

DOCTOR ARANDA —Ud. tiene todos los síntomas de estar embarazada, pero necesitamos unos análisis para estar seguros. Mientras tanto debe comer bien, descansar y evitar los trabajos pesados. Es mejor no tomar bebidas alcohólicas.
SEÑORA MORA —Yo no bebo, pero fumo mucho.
DOCTOR ARANDA —Debe dejar de fumar.
SEÑORA MORA —¿Por qué?
DOCTOR ARANDA —Porque es malo para el bebé.
SEÑORA MORA —Tiene razón, doctor. Debo dejar de fumar.

✳   ✳   ✳

At the Gynecologist's

Mrs. Mora hasn't had a period since January and she is going to Doctor Aranda's office. Dr. Aranda is a gynecologist.

With Doctor Aranda:

MRS. MORA: I think I'm pregnant, doctor. I haven't had a period since January.
DR. ARANDA: Let's see. Do your breasts hurt? Are they hard or swollen?

---

[1]The o in **alguno** or **ninguno** is dropped before a masculine singular noun.

MRS. MORA:	Yes, doctor, and they are bigger. Also my ankles are very swollen.
DR. ARANDA:	Do you feel dizzy (have dizziness), nauseated (nausea)?
MRS. MORA:	Yes, every morning.
DR. ARANDA:	Are you tired?
MRS. MORA:	Yes, I'm very weak, I'm always tired, and I have a backache.
DR. ARANDA:	Perhaps you have anemia. Do you feel (have) pain during sexual intercourse?
MRS. MORA:	Yes, I feel (have) a lot of pain.
DR. ARANDA:	Do you urinate frequently?
MRS. MORA:	Yes, very frequently.
DR. ARANDA:	Any miscarriage or abortion?
MRS. MORA:	No, not a one.

The doctor examines Mrs. Mora.

DR. ARANDA:	You have all the symptoms of being pregnant, but we need some tests to be sure. In the meantime you must eat well, rest, and avoid (not do) (any) heavy work. It is better not to drink alcoholic beverages.
MRS. MORA:	I don't drink, but I smoke a lot.
DR. ARANDA:	You must stop smoking.
MRS. MORA:	Why?
DR. ARANDA:	Because it's bad for the baby.
MRS. MORA:	You're right, doctor. I should stop smoking.

VOCABULARY

COGNATES

el **aborto**	abortion	la **menstruación**	menstruation
la **anemia**	anemia	la(s) **náusea(s)**	nausea
el, (la) **ginecólogo(a)**	gynecologist	el **síntoma**	symptom

NOUNS

el **bebé** baby
la **bebida alcohólica** alcoholic beverage
la **espalda** back
el **malparto, aborto natural** miscarriage
la **mañana** morning
el **mareo** dizziness
las **relaciones sexuales** sexual relations, sex, intercourse
el **seno** breast
el **tobillo** ankle
el **trabajo** work

ADJECTIVES

débil weak
duro(a) hard
embarazada, encinta pregnant
inflamado(a), hinchado(a) swollen
pesado(a) heavy
seguro(a) sure

VERBS

descansar to rest
evitar to avoid
examinar, reconocer to examine

OTHER WORDS AND EXPRESSIONS

con frecuencia frequently
dejar de to stop (doing something)
desde since
durante during
es mejor it is better
mientras tanto in the meantime
ninguno(a) not a one
¿por qué? why?
porque because
que that
siempre always
todo(a) all
vamos a ver let's see

DIALOGUE RECALL PRACTICE

Study the dialogue you have just read; then complete the sentences below. If you cannot recall some words, reread the dialogue, focusing on the words you missed and learning them within the context of the sentences in which they appear.

Con el doctor Aranda:

SEÑORA MORA —Creo que .... , doctor; no tengo

.... desde enero.

DOCTOR ARANDA —Vamos a ver. ¿Tiene ....

.... ? ¿Están duros o

.... ?

SEÑORA MORA —Sí, doctor, y están ....

También tengo los ....

....

DOCTOR ARANDA —¿Tiene .... , náusea?

SEÑORA MORA —Sí, todas ....

DOCTOR ARANDA —¿Está .... ?

SEÑORA MORA —Sí, estoy muy .... , siempre ....

cansada y tengo ....

....

DOCTOR ARANDA —Quizás .... ¿Tiene

.... durante las ....

.... ?

SEÑORA MORA —Sí, tengo ....

DOCTOR ARANDA —¿Orina .... ?

SEÑORA MORA —Sí, con ....

DOCTOR ARANDA —¿Algún .... o .... ?

SEÑORA MORA —No, ...

31

El doctor examina a la paciente.

DOCTOR ARANDA —Ud. tiene ....

.... de estar .... , pero necesitamos

unos .... para estar seguros. Mientras tanto

.... ,

descansar y evitar ....

.... Es mejor no ....

....

SEÑORA MORA —Yo no bebo, ...

....

DOCTOR ARANDA —Debe ....

SEÑORA MORA —¿Por qué?

DOCTOR ARANDA —Porque ....

....

SEÑORA MORA —............................... .... , doctor. Debo

.... de ....

LET'S PRACTICE!

You are needed as an interpreter.   Translate the following sentences into Spanish.

1. I am coming from the gynecologist's office.

   ....

2. My baby is smaller than your baby.

   ....

3. My mother is right; I must stop smoking.

   ....

4. They are more tired than you.

   ....

5. I am better, thank you.

   ....

6. I'm not cold; I'm very hot.

....

LET'S TALK!

Answer the following questions based on the dialogue.

1. ¿Por qué va la señora Mora al consultorio del doctor Aranda?

....

2. ¿El doctor Aranda es pediatra?

....

3. ¿Desde cuándo no tiene la menstruación la señora Mora?

....

4. ¿Tiene dolor en los senos?

....

5. ¿Qué tiene la señora Mora todas las mañanas?

....

6. ¿Tiene ella dolores durante las relaciones sexuales?

....

7. ¿Qué necesitan para estar seguros de que la señora Mora está embarazada?

....

8. ¿Qué debe hacer (*do*) ella?

....

9. ¿Por qué debe dejar de fumar?

....

Some additional questions:

10. ¿Tiene Ud. los tobillos hinchados?

....

11. ¿Tiene Ud. mareos o náuseas?

....

12. ¿Está Ud. cansado(a)? ¿(Débil)?

....

13. ¿Tiene Ud. dolor de espalda?

....

14. ¿Orina Ud. con frecuencia?

....

15. Si una mujer está embarazada, ¿qué síntomas tiene?

....

16. ¿Toma Ud. bebidas alcohólicas?

....

17. Yo creo que es malo fumar. ¿Tengo razón o no?

....

18. ¿Qué toma Ud. cuando tiene sed?

....

DIALOGUE COMPLETION

Use your imagination and the vocabulary you have learned in this lesson to fill in the missing parts of the following dialogue.

La señora Peña y el ginecólogo:

SEÑORA PEÑA —No tengo la menstruación desde mayo. Creo que estoy encinta.

DOCTOR —..

SEÑORA PEÑA —Sí, y también están inflamados y duros.

DOCTOR —..

SEÑORA PEÑA —Sí, los tobillos también.

DOCTOR —..

SEÑORA PEÑA —No, no tengo mareos, pero tengo náuseas.

DOCTOR —..

SEÑORA PEÑA —Sí, tengo mucho dolor de espalda.

DOCTOR —..

SEÑORA PEÑA —No, no tengo dolor durante las relaciones sexuales, pero orino con mucha frecuencia.

DOCTOR —...

SEÑORA PEÑA —No, ninguno.

DOCTOR —...

SITUATIONAL EXERCISES

What would you say in the following situations?

1. You are the doctor, and your patient thinks she is pregnant. Ask her if her breasts are swollen or hard, and if she feels dizzy or nauseated in the morning.
2. You are the patient. Tell your doctor that you are always tired and weak, and that you feel (have) a great deal of pain during sexual intercourse. Tell him also that you urinate frequently.
3. You are a nurse. Tell your patient that she must eat well and not do any heavy work. Add that she should stop smoking and that it is better not to drink alcoholic beverages.

CASES

Act out the following situations with a partner.

1. A nurse and a woman who thinks she is pregnant
2. A doctor and a patient who is pregnant; tell her what she must and must not do
3. A pregnant patient and a doctor; tell him your symptoms

VOCABULARY EXPANSION (Optional)

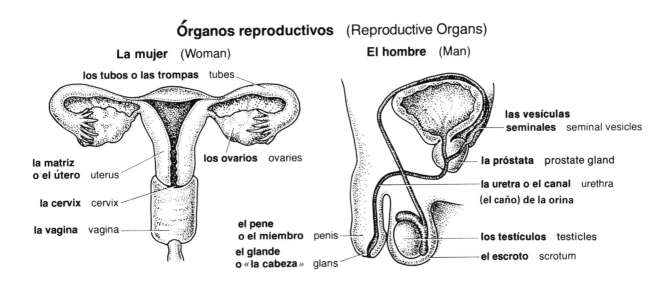

Órganos reproductivos (Reproductive Organs)

La mujer (Woman)   El hombre (Man)

los tubos o las trompas tubes

las vesículas seminales seminal vesicles

la próstata prostate gland

la matriz o el útero uterus

los ovarios ovaries

la uretra o el canal urethra
(el caño) de la orina

la cervix cervix

la vagina vagina

el pene o el miembro penis

el glande o «la cabeza» glans

los testículos testicles

el escroto scrotum

Other specialists:

cardiólogo cardiologist
especialista de garganta, nariz y oídos throat,
  nose, and ear specialist
especialista de la piel, dermatólogo
  dermatologist
oculista oculist
psiquiatra psychiatrist
urólogo urologist

Lesson 5

En la clínica

La señora Gómez lleva a su hija a la clínica. La niña tiene diarrea, una temperatura de ciento tres grados, y las nalgas muy irritadas.

Con la enfermera:

ENFERMERA	—¿La niña está vacunada contra la difteria, la tos ferina y el tétano?
SEÑORA GÓMEZ	—No... ¿es necesario todo eso?
ENFERMERA	—Sí, señora, es muy importante. ¿Y contra la poliomielitis?
SEÑORA GÓMEZ	—No, no...
ENFERMERA	—Bueno, la próxima vez vamos a vacunar a su niña contra la difteria, la tos ferina y el tétano.
SEÑORA GÓMEZ	—¿Todo junto?
ENFERMERA	—Sí, es una vacuna contra las tres enfermedades. Más adelante la vamos a vacunar contra las paperas, el sarampión y la rubela.
SEÑORA GÓMEZ	—Está bien.
ENFERMERA	—También vamos a hacer una prueba de tuberculina.
SEÑORA GÓMEZ	—¿Para qué es eso?
ENFERMERA	—Para ver si hay tuberculosis. Es sólo una precaución.
SEÑORA GÓMEZ	—Muy bien... ¡Ah! La niña tiene salpullido en las nalgas. ¿La vaselina es buena para eso?
ENFERMERA	—Si hay diarrea, lo mejor es limpiar a la niña en seguida y cubrir la piel con ungüento de cinc.
SEÑORA GÓMEZ	—También tiene una costra en la cabeza.
ENFERMERA	—Para eso debe usar aceite mineral. ¡Ah! Aquí está el doctor.

Con el doctor Vivar:

SEÑORA GÓMEZ	—Mi hija tiene mucha diarrea, doctor, y no quiere comer.
DOCTOR VIVAR	—¿Hay pus o sangre en el excremento?
SEÑORA GÓMEZ	—Creo que no... Pero tiene mucha fiebre, doctor...
DOCTOR VIVAR	—(*Revisa a la niña.*) Tiene una infección en el oído. Voy a recetar unas gotas para el oído, amoxicillin para la infección, y Kaopectate para la diarrea.
SEÑORA GÓMEZ	—Muy bien, doctor.
DOCTOR VIVAR	—Si todavía hay fiebre, quiero ver a la niña mañana por la tarde. Si no, la semana que viene.
SEÑORA GÓMEZ	—Sí, doctor. Muchas gracias.

Con la recepcionista:

SEÑORA GÓMEZ   —Quiero pedir turno para la semana próxima, por favor.
RECEPCIONISTA   —A ver... ¿el miércoles primero de mayo a las diez y veinte está bien?
SEÑORA GÓMEZ   —Sí, señorita. Muchas gracias.

✳   ✳   ✳

At the Clinic

Mrs. Gómez takes her child to the clinic.   The child has diarrhea, a one hundred and three degree temperature, and her buttocks are very irritated.

With the nurse:

NURSE: Is the child vaccinated against diphtheria, whooping cough, and tetanus?
MRS. GÓMEZ: No. . . . Is all that necessary?
NURSE: Yes, madam, it is very important.   And against polio?
MRS. GÓMEZ: No, no. . . .
NURSE: Well, next time we're going to vaccinate your daughter against diphtheria, whooping cough, and tetanus.
MRS. GÓMEZ: All together?
NURSE: Yes, it is a vaccination against the three diseases.   Later on we will vaccinate her against mumps, measles and rubella.
MRS. GÓMEZ: Okay.
NURSE: We are also going to do a tuberculin test.
MRS. GÓMEZ: What's that for?
NURSE: To see if there is tuberculosis.   It is only a precaution.
MRS. GÓMEZ: Very well. . . .   Oh!   The child has (a) rash on her buttocks.   Is vaseline good for that?
NURSE: If there is diarrhea, the best thing is to clean the child right away and cover the skin with zinc ointment.
MRS. GÓMEZ: She also has a scab on her head.
NURSE: For that you must use mineral oil.   Ah!   Here is the doctor.

With Dr. Vivar:

MRS. GÓMEZ: My daughter has a bad case of (much) diarrhea, doctor, and she won't (doesn't want to) eat.
DR. VIVAR: Is there (any) pus or blood in her stool?
MRS. GÓMEZ: I don't think so. . . .   But she has a high (much) fever, doctor. . . .
DR. VIVAR: (*Checks the child.*)   She has an ear infection.   I'm going to prescribe some drops for her (the) ear, amoxicillin for the infection, and Kaopectate for the diarrhea.
MRS. GÓMEZ: Very well, doctor.
DR. VIVAR: If there's still (a) fever, I want to see the child tomorrow afternoon.   If not, next week.
MRS. GÓMEZ: Yes, doctor.   Thank you very much.

With the receptionist:

MRS. GÓMEZ: I want to make an appointment for next week, please.
RECEPTIONIST: Let's see. . . .   Is Wednesday, May first at ten-twenty okay?
MRS. GÓMEZ: Yes, miss.   Thank you very much.

VOCABULARY

COGNATES

el **cinc, zinc** zinc

la **clínica** clinic

la **diarrea** diarrhea

la **difteria** diphtheria

el **excremento**[1] excrement, stool

importante important

la **infección** infection

irritado(a) irritated

mineral mineral

necesario(a) necessary

la **poliomielitis** polio

la **precaución** precaution

el **pus** pus

la **rubela** rubella

el **tétano** (or el **tétanos**) tetanus

la **tuberculina** tuberculin

la **tuberculosis** tuberculosis

NOUNS

el **aceite** oil
la **costra** scab
la **enfermedad** disease, sickness
la **gota** drop
las **nalgas, asentaderas** buttocks
las **paperas**[2] mumps
la **piel** skin
la **prueba** test
el **salpullido, sarpullido** rash
el **sarampión** measles
la **tos convulsiva** whooping cough
la **tos ferina** pertussis
el **ungüento** ointment

VERBS

cubrir to cover
limpiar to clean
recetar to prescribe
usar to use

vacunar to vaccinate
ver to see

ADJECTIVE

vacunado(a) vaccinated

OTHER WORDS AND EXPRESSIONS

contra against
Creo que no. I don't think so.
en seguida right away
la **próxima vez** next time
la **semana que viene** next week
lo mejor the best (thing)
más adelante later on
¿Para qué...? For what. . . . ?
pedir turno (hora) to make an appointment
todavía still
todo eso all that

DIALOGUE RECALL PRACTICE

Study the dialogue you have just read; then complete the sentences below. If you cannot recall some words, reread the dialogue, focusing on the words you missed and learning them within the context of the sentences in which they appear.

Con la enfermera:

ENFERMERA   —¿La niña está .... la

.... la tos .... y el

.... ?

_____

[1] Also **la caca** (colloquial) and **heces fecales**.
[2] Also **farfallotas** (*Puerto Rico*)

SEÑORA GÓMEZ   —No… ¿es ....

.... ?

ENFERMERA   —Sí, señora, es muy .... ¿Y contra la

.... ?

SEÑORA GÓMEZ   —No, no…

ENFERMERA   —Bueno, la próxima vez ....

.... a su niña .... la difteria, la

.... y el ....

SEÑORA GÓMEZ   —¿Todo .... ?

ENFERMERA   —Sí, es una vacuna .... tres

.... Posteriormente la ....

.... contra las

.... , el .... y la ....

SEÑORA GÓMEZ   —Está bien.

ENFERMERA   —También vamos a .... una ....

....

SEÑORA GÓMEZ   —¿Para .... ?

ENFERMERA   —Para ver ....

.... Es ....

....

SEÑORA GÓMEZ   —Muy bien… ¡Ah! La niña .... en

las .... ¿La vaselina ....

.... ?

ENFERMERA   —Si hay diarrea, ...

.... a la niña ....

.... y .... la piel con

....

SEÑORA GÓMEZ   —También tiene ....

....

ENFERMERA —Para eso ....

.... ¡Ah! Aquí ....

....

Con el doctor Vivar:

SEÑORA GÓMEZ —Mi hija .... ,

doctor, y no quiere ....

DOCTOR VIVAR —¿Hay .... o .... en el

.... ?

SEÑORA GÓMEZ —Creo que no... Pero ....

.... , doctor...

DOCTOR VIVAR —(*Revisa a la niña.*) Tiene una .... en el

.... Voy a recetar unas .... para

.... , ... para la

.... , y Kaopectate ....

....

SEÑORA GÓMEZ —Muy bien, doctor.

DOCTOR VIVAR —Si todavía hay .... , quiero ver ....

.... mañana ....

.... Si no, ...

....

SEÑORA GÓMEZ —Sí, doctor. ....

Con la recepcionista:

SEÑORA GÓMEZ —Quiero .... para la

.... , por favor.

RECEPCIONISTA —A ver... ¿el miércoles .... de mayo a ....

.... y .... está bien?

SEÑORA GÓMEZ —Sí, ...

LET'S PRACTICE

Complete the following sentences with the Spanish equivalent of the words in parentheses.

1. El niño .... , pero tiene mucha sed. (*doesn't want to eat*)

2. El doctor .... a su hijo contra la difteria, la poliomielitis y el tétano la

   próxima vez. (*prefers to vaccinate*)

3. El doctor .... temprano. Viene .... (*starts / at eight

   o'clock*)

4. ¿........................... sangre? (*Is he losing*)

5. .... a las cinco. ¿A qué hora .... ? (*we close / do they

   close*)

6. .... pus en el excremento. (*There is*)

7. .... aceite mineral y vaselina. (*I'm going to buy*)

8. .... ungüento para el salpullido. (*We are not going to use*)

LET'S TALK!

Answer the following questions based on the dialogue.

1. ¿Qué problemas tiene la hija de la señora Gómez?

   ....

2. ¿Contra qué enfermedades van a vacunar a la niña la próxima vez?

   ....

3. ¿Para qué es la prueba de la tuberculina?

   ....

4. Si hay diarrea, ¿qué es lo mejor?

   ....

5. ¿Qué va a recetar el Dr. Vivar?

   ....

6. Si la fiebre no baja, ¿cuándo quiere ver a la niña el doctor?

   ....

7. ¿Para cuándo es el turno de la señora Gómez?

   ....

Some additional questions:

8. Tengo 102 grados de fiebre, ¿qué debo tomar?

   ....

9. Tengo una infección en el oído. ¿Qué cree Ud. que va a recetar el doctor?

   ....

10. Si un niño tiene las nalgas irritadas, ¿es bueno el ungüento de zinc?

   ....

11. Mi bebé tiene una costra en la cabeza. ¿Qué debo usar?

   ....

12. ¿Es importante vacunar a los niños contra la poliomielitis?

   ....

13. ¿Prefiere el turno para el lunes o para el martes?

   ....

14. ¿Contra qué enfermedades está vacunado Ud.?

   ....

DIALOGUE COMPLETION

Use your imagination and the vocabulary you learned in this lesson to fill in the missing parts of the following dialogues.

A. *La enfermera y la mamá del paciente:*

ENFERMERA —...

LA MAMÁ —Sí, el niño está vacunado contra esas tres enfermedades.

ENFERMERA —...

LA MAMÁ —Sí, y también contra la poliomielitis.

ENFERMERA —...

LA MAMÁ —¿Una prueba de tuberculina? ¿Para qué es eso?

ENFERMERA —...

LA MAMÁ —¿Ninguna otra vacuna?

ENFERMERA —...

B. El doctor y la paciente:

PACIENTE — ....

DOCTOR —Es mejor limpiar a la niña en seguida y cubrir la piel con ungüento de cinc.

PACIENTE — ....

DOCTOR —La semana que viene.

SITUATIONAL EXERCISES

What would you say in the following situations?

1. You are the doctor. Tell your patient that he has an ear infection for which you are going to prescribe penicillin.
2. You are the patient. Make an appointment to see the doctor on July second at ten-thirty in the morning.
3. You are the nurse. Tell a mother that you are going to do a tuberculin test. Tell her it's only a precaution.

CASES

Act out the following situations with a partner.

1. A nurse and a mother discussing what a child needs to be vaccinated against
2. A mother and a pediatrician telling her what to do about her child, who has diarrhea and very irritated buttocks

VOCABULARY EXPANSION (Optional)

Some other common diseases and problems:

(Note that all cognates are marked with an asterisk.)

la **alergia*** allergy
la **amigdalitis** tonsilitis
las **ampollas** blisters
la **apendicitis*** appendicitis
la **artritis*** arthritis
la **bronquitis*** bronchitis
el **cólico*** colic
la **colitis*** colitis
la **conjuntivitis*** conjunctivitis
las **convulsiones*** convulsions
el **crup***, **garrotillo** croup
la **eczema*** eczema
los **escalofríos** chills
la **fiebre del heno** hay fever
la **fiebre escarlatina*** scarlet fever
la **fiebre reumática** rheumatic fever

la **gastritis*** gastritis
la **gripe** influenza
la **hipertensión*** hypertension
la **insolación** sunstroke
la **intoxicación*** intoxication
la **laringitis*** laryngitis
la **leucemia*** leukemia
la **meningitis*** meningitis
el **orzuelo** sty
la **pulmonía, pneumonía** pneumonia
el **reumatismo*** rheumatism
la **sarna** scabies
la **urticaria** hives
la **varicela** chickenpox
la **viruela** smallpox

RÉCORD DE INMUNIZACIONES (Vacunas)

Inmunizaciones

Vacuna contra la viruela_____
Fecha

Resultados
☐ Prendió[1] ☐ No prendió ☐ Contraindicado

Firma del doctor

Revacunación contra la viruela_____
Fecha

Resultados
☐ Prendió ☐ No prendió ☐ Contraindicado

Firma del doctor

Difteria, tosferina, tétano

Tratamiento	Fecha	Dosis	Firma del doctor
1a Dosis			
2a Dosis			
3a Dosis			
1a Reacción			
2a Reacción			
3a Reacción			

Polio

Tratamiento	Tipo Usado	Dosis	Fecha	Firma del doctor
1a Dosis				
2a Dosis				
3a Dosis				
1a Reacción				
2a Reacción				
3a Reacción				

Otras Inmunizaciones o pruebas

Nombre	Fecha	Resultado	Firma del doctor

Enfermedades y fechas

Tosferina _____	Paperas _____
Rubela _____	Sarampión _____
Varicela _____	Difteria _____
Escarlatina _____	Polio _____

Accidentes (Dar fechas y especificar) _____

Impedimentos y Anomalías (Especifiar)_____

Otras Enfermedades (Especificar) _____

Operaciones (Especificar) _____

Defectos de Los Sentidos (Especificar) _____

[1] It reacted.

IMMUNIZATION RECORD (Vaccines)

Immunizations	Other Immunizations or tests			
Vaccination for smallpox _____				
Date	Name	Date	Result	Doctor's signature
Results				
☐ Reactive ☐ Non-reactive ☐ Inadvisable				
Doctor's signature				

Immunizations (continued)	Other Immunizations or tests
Revaccination for smallpox _____ Date	
Results ☐ Reactive ☐ Non-reactive ☐ Inadvisable	
Doctor's signature	

Other Immunizations or tests

Name	Date	Result	Doctor's signature

Diphtheria, whooping cough, tetanus

Treatment	Date	Dosage	Doctor's signature
1st Dosage			
2nd Dosage			
3rd Dosage			
1st Reaction			
2nd Reaction			
3rd Reaction			

Poliomielitis

Treatment	Type Used	Dosage	Date	Doctor's signature
1st Dosage				
2nd Dosage				
3rd Dosage				
1st Reaction				
2nd Reaction				
3rd Reaction				

Illnesses and dates

Whooping cough _____   Mumps _____

German measles _____   Measles _____

Chicken Pox _____   Diphtheria _____

Scarlet Fever _____   Poliomielitis _____

Accidents (Give dates and details) _____

Impediments and Abnormalities (Give details) _____

Other Illnesses (Give details) _____

Operations (Give details) _____

Sensory Defects (Give details) _____

---

[1]It took

Lectura 1

La dieta para diabéticos

(Adapted from TEL MED, tape #611)

Hay tres principios básicos[1] que se deben tener en cuenta[2] con respecto a las dietas para los diabéticos.

El primero y más importante es el control de las calorías que la persona consume. El control del peso[3] es el factor más importante para controlar la diabetes porque el exceso de tejido graso[4] puede[5] interferir con la absorción de insulina por el cuerpo.

El segundo principio de la dieta consiste en no comer dulces[6] concentrados. La persona diabética debe evitar el azúcar de mesa,[7] la miel,[8] las gelatinas y todos los alimentos[9] que contengan mucha azúcar, como por ejemplo,[10] ciertos refrescos,[11] los pasteles[12] y las galleticas dulces.[13]

El tercer principio básico es la forma[14] cómo los diabéticos comen. Una persona que tiene diabetes debe comer por lo menos[15] tres comidas al día.[16] El desayuno debe ser la comida más importante; nunca debe dejar de almorzar[17] y debe cenar[18] en cantidades moderadas.[19] Algunos[20] diabéticos pueden comer algo ligero[21] entre[22] comidas, pero entonces[23] deben limitar las cantidades en las comidas principales.

Los diabéticos no deben comer mucha grasa ni deben comer huevos[24] todos los días. Algunos expertos recomiendan tomar leche descremada[25] y quitarle la grasa a la carne.[26] Lo más importante es comer sólo[27] los tipos y las cantidades de alimentos especificados en la dieta y comer aproximadamente a la misma hora todos los días.

CONVERSACIONES

—Doctor, mi esposo es diabético. ¿Qué no debe comer?
—Debe evitar comer dulces.
—¿Puede tomar refrescos?
—No, no debe tomar refrescos.

—¿Qué es lo más importante para controlar la diabetes?
—Lo más importante es controlar el peso.
—¿Por qué?
—Porque el tejido graso interfiere con la absorción de la insulina.

—Doctor, ¿cuántas comidas puedo comer al día?
—Debe comer por lo menos tres comidas.
—¿Cuál debe ser la comida principal?
—La comida principal debe ser el desayuno.

---

[1]basic principles [2]one must keep in mind [3]weight control [4]fatty tissue [5]can [6]sweets [7]table sugar [8]honey [9]foods [10]for example [11]sodas [12]pies [13]sweet cookies [14]the way [15]at least [16]daily [17]to have lunch [18]to have dinner [19]moderate quantities [20]some [21]light [22]between [23]then [24]eggs [25]skim milk [26]meat [27]only

—Mi hijo es diabético. ¿Qué alimentos puede comer?
—Puede comer solamente los alimentos especificados en su dieta.
—¿Puede comer huevos?
—Sí, pero no todos los días.

HOW MUCH DO YOU REMEMBER?

Answer the following questions

1. ¿Cuántos principios básicos hay que tener en cuenta con respecto a las dietas para los diabéticos?
2. ¿Cuál es el más importante?
3. ¿Cuál es el factor más importante para controlar la diabetes?
4. ¿Qué puede interferir con la absorción de la insulina por el cuerpo?
5. ¿Qué no debe comer la persona diabética?
6. ¿Cuántas comidas debe comer una persona que tiene diabetes?
7. ¿Cuál debe ser la comida más importante?
8. ¿Qué no debe dejar de hacer la persona diabética?
9. ¿Cómo deben ser las cantidades de comida en la cena?
10. ¿Qué deben limitar las personas diabéticas cuando comen algo ligero entre comidas?
11. ¿Deben las personas diabéticas comer mucha grasa?
12. ¿Qué no deben comer todos los días las personas diabéticas?
13. ¿Qué tipos de alimentos deben comer las personas diabéticas?
14. ¿Qué cantidades de alimentos deben comer las personas diabéticas?
15. ¿Es importante comer aproximadamente a la misma hora?

LESSONS 1–5

VOCABULARY REVIEW

A. **Circle the appropriate expression in order to complete each sentence. Then read the sentence aloud.**

1. El doctor receta (gotas, pus, tostadas) para el oído.
2. Fumo una (frazada, cajetilla, almohada) al día.
3. Voy a orinar. Necesito (la chata, la mantequilla, la dentadura postiza).
4. Mañana, para el desayuno, deseo sólo (receta, planilla, cereal).
5. Deseo beber (pastilla, agua, pollo).
6. La enfermera mira la hoja (clínica, aventada, estreñida).
7. Tose mucho. Necesita tomar (sangre, letra, jarabe) para la tos.
8. Para ver si es anémico, necesitamos una muestra de (materia fecal, orina, sangre).
9. Ella sufre, pero yo sufro (también, todavía, bueno).
10. Tengo frío. Necesito otra (cápsula, cobija, hora).
11. El catarro es una (enfermedad, pulgada, clínica).
12. Necesita (resfrío, espejuelos, hierro), proteínas y vitaminas.
13. Yo pago (la cuenta, la letra de imprenta, la rubela).
14. ¿Tiene usted su (segundo nombre, firma, tarjeta) de seguro médico?
15. En caso de (emergencia, comida, seguro social), debe llamar a mi esposo.
16. Ella (entra, llena, cubre) la planilla.

B. **Circle the word or phrase that does not belong in each group.**

1. la próxima vez, la semana que viene, ahora
2. aceite mineral, tarjeta, ungüento de cinc
3. póliza, análisis, muestra
4. compañía de seguro, póliza, sarpullido
5. inyección, cuarto, penicilina
6. evitar, dormir, descansar
7. a menudo, con frecuencia, tanto
8. mientras tanto, durante, desde
9. por qué, para qué, cuánto
10. trabajo, senos, tobillos
11. mareos, náusea, espalda
12. poco, mucho, quizá
13. ¿Quién es?, ¿Qué tal?, ¿Cómo está?
14. ahora mismo, al rato, después
15. diarrea, tétano, excremento
16. ¿cuánto mide?, pies y pulgadas, ninguno

C. **Complete the following sentences by matching the items in column *A* with these in column *B*. Then read each sentence aloud.**

A

1. No como nada. Estoy muy ____
2. Ella mide ____
3. Creo que ____
4. No tengo la información necesaria para llenar ____
5. ¿Mi ocupación? Soy ____
6. Tengo dolor de ____
7. ¿Debo tomar las cápsulas antes o ____
8. ¿Para qué es ____
9. Lo mejor es llamar al médico ____
10. ¿Todavía tiene ____
11. El niño no come. No tiene ____
12. Tiene las nalgas ____
13. ¿Cuál es ____
14. ¿Debo tomar la medicina después de ____
15. Vamos a ____
16. ¿Tiene los senos ____
17. No tiene la menstruación y tiene náusea por la mañana. Son síntomas de que ____
18. No desea tener el bebé. Va a tener ____

B

a. está encinta.
b. recepcionista.
c. la planilla.
d. en seguida.
e. después de las comidas?
f. débil.
g. todo eso?
h. estómago.
i. no.
j. un aborto
k. apetito.
l. fiebre?
m. las comidas? No estoy seguro...
n. ver...
o. irritadas.
p. su hijo, señora?
q. inflamados y duros?
r. cinco pies, cuatro pulgadas

D. *¿Verdadero o falso?* **Read each statement aloud; then write either *V* or *F* in the space provided.**

1. Es importante tomar precauciones. ____
2. Tiene una temperatura de noventa y ocho grados. Es muy alta. Debe bajar. ____
3. Estoy un poco acatarrado. Eso es muy grave. ____
4. Si tiene gripe, debe tomar mucho líquido y descansar. ____
5. Algunas personas son alérgicas a la penicilina. ____
6. Aquí está la hoja clínica. Tiene información sobre el paciente. ____
7. Es mejor no dejar de fumar. ____
8. Si está embarazada, debe evitar los trabajos pesados y las bebidas alcohólicas. ____
9. Como tengo una infección, necesito un postre. ____
10. Cada vez que un niño come algo, debemos llamar al médico. ____
11. El señor Vega no tiene la menstruación desde enero. ____
12. Quiero agua porque tengo mucha sed. ____
13. El doctor receta jarabe para la tos. ____
14. Los niños deben ser vacunados contra la poliomielitis. ____

50

15. El asma es una alergia. ____

16. Tengo calor. Necesito otra frazada. ____

17. El niño tiene una costra en la cabeza. Debe usar aceite mineral. ____

18. Hacen las radiografías en la sala de espera. ____

19. Posteriormente vamos a vacunar a la niña contra las paperas, la rubéola y el sarampión.
____

20. El médico va a recetar Kaopectate para la tosferina. ____

E. Crucigrama

HORIZONTAL

6. la semana próxima, la semana que ____

8. opuesto (*opposite*) de "nunca"

9. un análisis de materia ____

11. Pesa muy poco. Está muy ____ .

12. tose; tiene ____

15. Tiene una ____ en la cabeza.

16. resfrío

21. De ____ , fruta.

24. Médico de niños. (pl.)

26. Si tiene dolor de cabeza, debe tomar una ____ .

28. opuesto de noches

30. oficina del médico

32. *He returns,* en español

33. Tiene mareo y ____

35. examinar

38. Tiene asma; es ____

41. bebe

43. *X-ray,* en español

44. *milk,* en español

45. pedir turno: pedir ____

46. asentaderas

48. aborto natural

49. Yo peso 145 ____ .

VERTICAL

1. No debe tomar ____ alcohólicas.

2. Debe cubrir la ____ con un ungüento.

3. Está embarazada. Va a tener un ____ .

4. Deseo beber jugo de ____ .

5. Compro medicina en la ____ .

7. El ____ receta penicilina.

10. Ella es la esposa. Él es el ____ .

13. *soup,* en español

14. Usa ____ postiza.

17. La prueba de la tuberculina es para ver si hay ____ .

18. *also,* en español

19. Necesito una ____ de materia fecal.

20. *toast,* en español

22. salpullido

23. *necessary,* en español

25. Cuando como mucho me duele el ____

27. vomitar

29. No uso anteojos. Uso lentes de ____ .

31. hinchado

34. La difteria es una ____ .

36. Tiene catarro. Está ____ .

37. *poor thing,* en español (*fem.*)

39. Si tiene costra en la cabeza, debe usar ____ mineral.

40. ¿Está vacunada la niña ____ la poliomielitis?

42. La naranja es una ____

47. *He cleans,* en español.

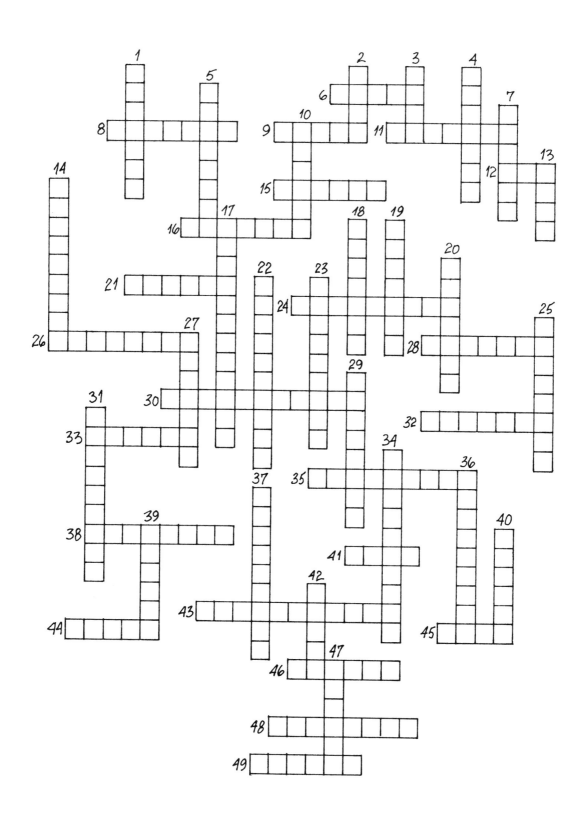

Lesson 6

Con la dietista

La señora Rivas habla con la dietista de los problemas de su hijo Ramón.

DIETISTA —Señora Rivas, su hijo Ramón necesita perder peso.

SRA. RIVAS —Ya lo sé, pero no deja de comer; especialmente come demasiados dulces. Además toma muchos refrescos y nunca toma leche.

DIETISTA —Si no quiere tomar leche, puede comer queso o yogur. Además. Ud. puede usar leche descremada en las comidas que prepara para él.

SRA. RIVAS —Estoy muy preocupada porque Ramón está muy gordo. Pesa 150 libras y sólo tiene diez años.

DIETISTA —Tiene que bajar de peso, porque la obesidad es peligrosa. Necesita seguir una dieta estricta.

SRA. RIVAS —Va a ser muy difícil.

DIETISTA —Hay que hacer lo posible porque más tarde puede tener problemas con el corazón.

SRA. RIVAS —Yo siempre tengo miedo porque mi padre padece del corazón y mi madre es diabética.

DIETISTA —Por eso hay que tener cuidado. Aquí tengo una lista de alimentos que su hijo debe comer. Es importante tener variedad. Muchos de los alimentos de la lista tienen pocas calorías.

SRA. RIVAS —A ver si ahora puede adelgazar…

DIETISTA —Tiene que comer por lo menos una cosa de cada grupo, pero en pequeñas cantidades.

SRA. RIVAS —¿Tengo que contar las calorías?

DIETISTA —No, pero Ramón tiene que hacer ejercicio y comer sólo la mitad de lo que come ahora. Aquí está la lista.

Grupo 1
leche
queso
yogur
mantequilla (un poco)

Grupo 2
carne
pescado
pollo
hígado
huevos, blanquillos (*Mex.*)
frijoles
mantequilla de maní, cacahuate (un poco)

Grupo 3
naranja
toronja
chiles verdes y rojos (pimientos)
fresas[1]
melón
repollo, col
bróculi
tomate

Grupo 4
tortilla
cereal
pan
macarrones
espaguetis

---

[1]Also **frutillas** (Arg.)

$$* \quad * \quad *$$

With the Dietician

Mrs. Rivas speaks with the dietitian about her son Ramón's problems.

DIETITIAN: Mrs. Rivas, your son Ramón needs to lose weight.

MRS. RIVAS: I know (it), but he doesn't stop eating; he especially eats too many sweets. Besides, he drinks a lot of sodas and he never drinks milk.

DIETITIAN: If he doesn't want to drink milk, he can eat cheese or yogurt. In addition, you can use skim milk in the meals that you prepare for him.

MRS. RIVAS: I'm very worried because Ramón is very fat. He weighs 150 pounds and he is only ten years old.

DIETITIAN: He has to lose weight because obesity is dangerous. He needs to go on a strict diet.

MRS. RIVAS: It will be very difficult.

DIETITIAN: One must do one's best because later in life he may (can) have problems with his heart.

MRS. RIVAS: I'm always afraid because my father has heart problems, and my mother is a diabetic.

DIETITIAN: That's why one must be careful. I have here a list of foods that your son must eat. It is important to have variety. Many of the foods on the list have very few calories.

MRS. RIVAS: Let's see if he can lose weight now. . . .

DIETITIAN: He must eat at least one thing from each group, but in small quantities.

MRS. RIVAS: Do I have to count calories?

DIETITIAN: No, but Ramón has to exercise and eat only half of what he eats now. Here is the list.

Group 1	*Group 2*
milk	meat
cheese	fish
yogurt	chicken
butter (a little)	liver
	eggs
	beans
	peanut butter (a little)

Group 3	*Group 4*
oranges	tortillas
grapefruit	cereal
green and red peppers	bread
strawberries	macaroni
melon	spaghetti
cabbage	
broccoli	
tomatoes	

VOCABULARY

COGNATES

la **caloría**	calorie	**estricto(a)**	strict
diabético(a)	diabetic	el **grupo**	group
la **dieta**	diet	la **lista**	list
el, la **dietista**	dietitian	la **obesidad**	obesity
difícil	difficult	la **variedad**	variety
especialmente	especially		

NOUNS

el **alimento**   food, nourishment
la **cantidad**   quantity
la **cosa**   thing
el **dulce**   sweet, candy
la **leche descremada**   skimmed milk
la **madre**   mother
la **mitad**   half
el **padre**   father
el **peso**   weight
el **queso**   cheese
el **refresco**   soda
el **yogur**   yogurt

VERBS

adelgazar   to lose weight
contar (o:ue)   to count
padecer (yo padezco)   to suffer
preparar   to prepare

ADJECTIVES

gordo(a)   fat

peligroso(a)   dangerous
pequeño(a)   small, little
pocos(as)   few
preocupado(a)   worried

OTHER WORDS AND EXPRESSIONS

además   besides
bajar de peso, perder peso   to lose weight
demasiado(a)   too much
hacer ejercicio   exercise
hacer lo posible   to do one's best
más tarde   later
padecer del corazón   to have heart problems
por eso   that's why, for that reason
por lo menos   at least
seguir una dieta   to go on a diet
tener cuidado   to be careful
Ya lo sé.   I know (it).

DIALOGUE RECALL PRACTICE

Study the dialogue you have just read; then complete the sentences below. If you cannot recall some words, reread the dialogue, focusing on the words you missed and learning them within the context of the sentences in which they appear.

La señora Rivas habla con la dietista:

DIETISTA   —Señora Rivas, su hijo Ramón necesita ....

....

SEÑORA RIVAS   —........................... .... , pero no

.... ; especial-

mente come demasiados .... Además toma muchos

.... y nunca toma ....

DIETISTA   —Si no quiere .... puede comer

.... , ... , ... , etc.

Además Ud. .... leche

.... en las .... que ....

para él.

SEÑORA RIVAS —Estoy muy .... porque Ramón ....

.... Pesa 150

.... y .... diez

años.

DIETISTA —Tiene que ....

porque la .... es .... Necesita

....

....

SEÑORA RIVAS —Va a ser ....

DIETISTA —Hay que ....

porque más tarde puede ....

....

SEÑORA RIVAS —Yo siempre .... porque mi padre

.... , y mi

madre ....

DIETISTA —Por eso ....

.... Aquí tengo ....

.... que su

hijo .... Es importante

.... Muchos de los ....

.... tienen

pocas calorías.

SEÑORA RIVAS —A ver si ahora ....

DIETISTA —Tiene que comer ....

.... de cada

grupo, pero ....

....

SEÑORA RIVAS —¿Tengo que ....

.... ?

DIETISTA   —No, pero Ramón tiene que .... y

comer la .... de lo que come ahora. Aquí

....

LET'S PRACTICE!

A. **Rewrite the following sentences, using the verbs given in parentheses.**

1. Yo no *como* bien. (dormir)

....

2. La dietista *regresa* mañana. (volver)

....

3. Nosotros no *debemos* adelgazar. (poder)

....

4. ¿Tú *escribes* la dirección? (recordar)

....

5. Ellos *van* a México. (volar)

....

B. **Complete the following sentences, using the Spanish equivalent of the words in parentheses.**

1. Nosotros vamos a ver a la dietista ....

.... (*on Mondays and Fridays*)

2. No tengo .... , niño.

(*anything for you*)

3. Ellos .... las calorías porque quieren

bajar de peso. (*count*)

4. Mi mamá .... prepara las comidas ....

(*never / for me*)

5. Tengo turno para .... (*next week*)

LET'S TALK!

Answer the following questions based on the dialogue.

1. ¿Con quién habla la Sra. Rivas sobre los problemas de Ramón?

....

2. ¿Ramón toma mucha leche?

   ....

3. ¿Qué puede usar la señora Rivas en las comidas que prepara para Ramón?

   ....

4. ¿Por qué está preocupada la señora Rivas?

   ....

5. ¿Quién padece del corazón?

   ....

6. ¿Qué debe hacer Ramón para adelgazar?

   ....

Some additional questions:

7. ¿Necesita Ud. perder peso?

   ....

8. ¿Come Ud. muchos dulces? (¿Toma muchos refrescos?)

   ....

9. ¿Necesita Ud. seguir una dieta estricta?

   ....

10. ¿Es Ud. diabético(a)?

   ....

11. ¿Tiene Ud. que contar las calorías?

   ....

12. ¿Qué alimentos tienen muchas proteínas?

   ....

13. ¿Qué cantidad de leche debe tomar un niño cada día?

   ....

14. ¿Qué frutas tienen vitamina C?

   ....

15. ¿Qué alimentos de la lista tienen muchas calorías?

   ....

16. ¿Qué hay que hacer para adelgazar?

....

DIALOGUE COMPLETION

Use your imagination and the vocabulary you have learned in this lesson to fill in the missing parts of the following dialogue.

La señora Pérez habla con la dietista:

SEÑORA PÉREZ —Estoy muy preocupada porque mi hija Rosa está muy gorda.

DIETISTA —¿.. ?

SEÑORA PÉREZ —Pesa 160 libras.

DIETISTA —¿.. ?

SEÑORA PÉREZ —Tiene sólo doce años.

DIETISTA — ....

SEÑORA PÉREZ —Sí, ya lo sé, pero ella come demasiado.

DIETISTA —¿.. ?

SEÑORA PÉREZ —Sí, come muchos dulces y además toma muchos refrescos.

DIETISTA —¿.. ?

SEÑORA PÉREZ —No, nunca toma leche.

DIETISTA — ....

SEÑORA PÉREZ —Yo sé que ella necesita tomar leche, pero no quiere la leche.

DIETISTA — ....

SEÑORA PÉREZ —¿Qué otros alimentos necesita comer?

DIETISTA — ....

SEÑORA PÉREZ —¿Tengo que contar las calorías?

DIETISTA — ....

SEÑORA PÉREZ —Bueno, a ver si Rosa puede adelgazar ahora. La obesidad es peligrosa.

DIETISTA — ....

SEÑORA PÉREZ —Muchas gracias, doctora. ¿Cuándo debo volver?

DIETISTA — ....

SEÑORA PÉREZ —Hasta la próxima semana, doctora.

SITUATIONAL EXERCISES

What would you say in the following situations?

1. You are a patient. Tell the dietitian that you want to lose weight but that you eat lots of sweets and foods that have many calories. Tell her how much you weigh.
2. You are a dietitian. Tell Mr. Soto, your patient, that he needs to go on a strict diet and should eat only half of what he eats now. Tell him also that he has to drink skimmed milk.
3. Tell your patient that he has to be careful, because he is a diabetic and has heart problems.
4. You are talking to a patient. Tell him that he has to lose weight because obesity is very dangerous.

CASES

Act out the following situations with a partner.

1. A dietitian and a patient who needs to lose weight
2. A dietitian and a patient, talking about a balanced diet

VOCABULARY EXPANSION (Optional)

Some additional words and phrases related to diets:

Debe (No debe) comer
- **grasas** fats
- **comidas picantes** spicy foods
- **sal** salt
- **fibras** fibers, roughage
- **vegetales** vegetables
- **una porción más pequeña** a smaller portion
- **azúcar** sugar

Debe seguir una dieta
- **especial** special
- **balanceada** balanced
- **con poca grasa** low fat
- **sin sal** salt free
- **con pocos carbohidratos** low carbohyrate

Lesson 7

En el centro de planificación de la familia

Los señores[1] Reyes están en el Centro de Planificación de la Familia. Son recién casados y muy jóvenes, y no quieren tener hijos todavía. La doctora Fabio habla con ellos sobre los distintos métodos usados para el control de la natalidad.

SEÑORA REYES	—Doctora Fabio, yo sé que puedo tomar las pastillas anticonceptivas, pero muchos dicen que causan cáncer.
DOCTORA FABIO	—Si usted no quiere usar la pastilla, hay distintos métodos que pueden probar para evitar el embarazo.
SEÑOR REYES	—Pero, ¿son efectivos también?
DOCTORA FABIO	—De todos los métodos, la pastilla es el mejor, pero muchas mujeres prefieren no tomarla.
SEÑORA REYES	—Conozco a una señora que usa un aparato intrauterino. Ella dice que no tiene problemas.
SEÑOR REYES	—¿No son peligrosos los aparatos intrauterinos?
DOCTORA FABIO	—No, no son peligrosos. El médico lo inserta en el útero... pero a veces pueden causar molestias...
SEÑORA REYES	—¿Hay algún otro método?
DOCTORA FABIO	—Sí, puede usar un diafragma, que sirve para cubrir la entrada del útero y parte de la vagina.
SEÑOR REYES	—¿Debe insertarlo el médico?
DOCTORA FABIO	—No. El médico mide la vagina para determinar el tamaño correcto, pero usted puede insertarlo.
SEÑORA REYES	—¿Cuándo debo insertarlo?
DOCTORA FABIO	—Antes de tener relaciones sexuales.
SEÑOR REYES	—Veo que no es muy fácil tampoco.
DOCTORA FABIO	—No... Además debe cubrir el diafragma con jalea o crema por dentro y por fuera.
SEÑOR REYES	—¿Y el condón? ¿Es efectivo?
DOCTORA FABIO	—Sí, si lo usa correctamente.
SEÑORA REYES	—¿Y si sigo el método del ritmo, doctora?
DOCTORA FABIO	—Bueno, en ese caso, usted debe saber cuál es su período fértil.
SEÑORA REYES	—¿El período fértil...?
DOCTORA FABIO	—Sí, unos días antes, durante, y después de la ovulación.
SEÑOR REYES	—Bueno, vamos a pensarlo, doctora. Gracias por todo.
DOCTORA FABIO	—De nada. Buena suerte.
SEÑORA REYES	—¿Pido turno para la semana que viene?
DOCTORA FABIO	—Sí, yo puedo verla la semana que viene.

---

[1] **Los señores** Mr. and Mrs.

∗ ∗ ∗

At the Family Planning Center

Mr. and Mrs. Reyes are at the Family Planning Center. They are newlyweds and very young, and they don't want to have children yet. Dr. Fabio speaks with them about the different methods used for birth control.

MRS. REYES: Dr. Fabio, I know I can take birth control pills, but many (people) say they cause cancer.

DR. FABIO: If you don't want to use the pill, there are different methods that you can try to avoid pregnancy.

MR. REYES: But are they also effective?

DR. FABIO: Of all the methods, the pill is the best, but many women prefer not to take it.

MRS. REYES: I know a lady who uses an I.U.D. She says she doesn't have (any) problems.

MR. REYES: Aren't I.U.D.'s dangerous?

DR. FABIO: No, they are not dangerous. The doctor inserts it in the uterus . . . but sometimes they can cause trouble. . . .

MRS. REYES: Is there any other method?

DR. FABIO: Yes, you can use a diaphragm, which is used to cover the opening of the uterus and part of the vagina.

MRS. REYES: Must the doctor insert it?

DR. FABIO: No. The doctor measures the vagina to determine the correct size, but you can insert it.

MRS. REYES: When must I insert it?

DR. FABIO: Before having sexual intercourse.

MR. REYES: I see that it isn't very easy either.

DR. FABIO: No. . . . Besides, you must cover the diaphragm with jelly or cream on the inside and on the outside.

MR. REYES: And the condom? Is it effective?

DR. FABIO: Yes, if you use it correctly.

MRS. REYES: And if I follow the rhythm method, doctor?

DR. FABIO: Well, in that case you must know what your fertile period is.

MR. REYES: The fertile period . . . ?

DR. FABIO: Yes, a few days before, during, and after ovulation.

MR. REYES: Well, we're going to think about it, doctor. Thank you for everything.

DR. FABIO: You're welcome. Good luck.

MRS. REYES: Shall I make an appointment for next week?

DR. FABIO: Yes, I can see you next week.

VOCABULARY

COGNATES

el **cáncer** cancer	la **familia** family
el **centro** center	**fértil** fertile
el **condón** condom	el **método** method
el **control** control	la **ovulación** ovulation
correcto(a) correct	la **parte** part
el **diafragma** diaphragm	el **período** period
efectivo(a) effective	la **vagina** vagina

NOUNS

el **aparato intrauterino** I.U.D.	la **jalea** jelly
la **crema** cream	la **molestia** trouble, pain
el **embarazo** pregnancy	la **natalidad** birth
la **entrada** opening, entry	la **planificación** planning

62

el **ritmo** rhythm
el **tamaño** size

VERBS

causar to cause
determinar to determine
insertar to insert
medir (e:i) to measure
pensar (e:ie) to think
probar (o:ue) to try

ADJECTIVES

anticonceptivo(a) for birth control,
    contraceptive

distinto(a) different
joven young
peligroso(a) dangerous
usado(a) used

OTHER WORDS AND EXPRESSIONS

buena suerte good luck
correctamente correctly
en ese caso in that case
la **semana que viene** next week
por dentro on the inside
por fuera on the outside
recién casados newlyweds

DIALOGUE RECALL PRACTICE

Study the dialogue you have just read; then complete the sentences below. If you cannot recall some words, reread the dialogue, focusing on the words you missed and learning them within the context of the sentences in which they appear.

SEÑORA REYES   —Doctora Fabio, yo sé que .... las

.... , pero, muchos

.... que ....

DOCTORA FABIO   —Si Ud. no .... la

.... , hay distintos .... que pueden

.... para .... el ....

SEÑOR REYES   —Pero, ¿son .... ?

DOCTORA FABIO   —De todos los .... , la .... es el

.... , pero muchas mujeres .... no

....

SEÑORA REYES   —Conozco a .... que

.... un ....

Ella dice que no ....

SEÑOR REYES   —¿No son .... los ....

.... ?

DOCTORA FABIO   —No, no son .... El médico lo .... en

el .... , pero a veces ....

....

SEÑORA REYES —¿Hay algún .... ?

DOCTORA FABIO —Sí, puede usar .... , que sirve para

.... la .... del .... y

parte de la ....

SEÑORA REYES —¿Debe .... el .... ?

DOCTORA FABIO —No. El médico .... la .... para

.... el tamaño .... , pero usted

....

SEÑORA REYES —¿Cuándo .... ?

DOCTORA FABIO —Antes de ....

....

SEÑOR REYES —Veo que no es ....

....

DOCTORA FABIO —No... Además debe .... el .... con

jalea o .... por .... y por

....

SEÑOR REYES —¿Y el .... ? ¿Es .... ?

DOCTORA FABIO —Sí, si lo ....

SEÑORA REYES —¿Y si sigo el ....

.... , doctora?

DOCTORA FABIO —Bueno, en ese caso, usted .... cuál

es ....

SEÑOR REYES —¿El ....?

DOCTORA FABIO —Sí, unos días .... , ... , y

.... de la ....

SEÑOR REYES —Bueno, vamos a .... , doctora. Gracias

....

DOCTORA FABIO —De .... Buena ....

SEÑORA REYES   —¿Pido .... para la ....

.... ?

DOCTORA FABIO   —Sí, yo .... la semana

....

LET'S PRACTICE

A. **Fill in the blanks, using the correct form of the present indicative of the following verbs.   Then read each sentence aloud.**

salir	caber	poner
pedir	seguir	decir
saber	hacer	conducir
servir	conseguir	medir

1. Yo .... con una chica muy joven.

2. María .... turno para la semana que viene.

3. Mamá .... que las pastillas anticonceptivas a veces causan cáncer.

4. Yo no .... aquí.   Tú tampoco cabes.

5. ¿Para qué .... las jaleas y las cremas?   ¿Para evitar el embarazo?

6. Yo siempre .... el coche cuando vamos al Centro de Planificación de

la Familia.

7. Yo no .... nada para evitar el embarazo.

8. Ellos .... los condones en la farmacia; no necesitan receta.

9. El médico .... la vagina para determinar el tamaño correcto.

10. ¿........................... Uds. el método del ritmo?   ¿Es efectivo eso?

11. Yo .... la crema por dentro y por fuera.

12. Yo .... que el aparato intrauterino puede causar molestias.

B. **Answer each question, first in the affirmative and then in the negative, using direct object pronouns.**

Modelo: ¿Usa usted **esta jalea**?
*Sí, yo **la** uso.*
*No, yo no **la** uso.*

1. ¿Conoce usted a **mi hijo**?

....

....

2. ¿Va a insertar usted **el diafragma**?

....

....

3. ¿Examina el doctor **la vagina**?

....

....

4. ¿Ve usted a **la doctora**?

....

....

5. ¿Trae usted **los libros sobre el control de la natalidad?**

....

....

6. ¿Pone usted **la jalea** en el diafragma?

....

....

7. ¿Puede usted ver**me** la semana que viene? (*fem.*)

....

....

8. ¿Puede usted ver**nos** el miércoles por la mañana? (*masc.*)

....

....

LET'S TALK!

Answer the following questions based on the dialogue.

1. ¿Por qué van los señores Reyes al Centro de Planificación de la Familia?

....

2. ¿Sobre qué habla con ellos la doctora Fabio?

....

3. ¿Cuál dice la doctora que es el mejor método de control de la natalidad?

....

4. ¿Son peligrosos los aparatos intrauterinos?

....

5. ¿Dónde inserta el médico el aparato intrauterino?

....

6. ¿Para qué sirve el diafragma?

....

7. ¿Cuándo debe insertar la señora Reyes el diafragma?

....

8. ¿Con qué debe cubrir la señora Reyes el diafragma antes de insertarlo?

....

9. ¿Es efectivo el condón?

....

10. ¿Qué debe saber la señora Reyes para seguir el método del ritmo?

....

11. ¿Para cuando va a pedir turno la señora Reyes?

....

Some additional questions:

12. ¿Cuál cree Ud. que es el método más fácil para el control de la natalidad?

....

13. ¿Cuál cree Ud. que es el método más efectivo?

....

14. Una persona que quiere usar el diafragma, ¿debe antes ver a un médico? ¿Por qué?

....

15. ¿Cree Ud. que es fácil seguir el método del ritmo?

....

16. ¿Cuántos hijos cree Ud. que debe tener una familia?

....

DIALOGUE COMPLETION

Use your imagination and the vocabulary you have learned in this lesson to fill in the missing parts of the following dialogue.

El doctor y la paciente:

PACIENTE —Yo no quiero tomar la pastilla.

DOCTOR —...

PACIENTE —Pero no son muy efectivos.

DOCTOR —...

PACIENTE —Pero, ¿no son peligrosos los aparatos intrauterinos?

DOCTOR —...

PACIENTE —¿Cuándo debo insertar el diafragma?

DOCTOR —...

PACIENTE —¿También debo usar alguna crema o jalea con el diafragma?

DOCTOR —...

PACIENTE —Yo creo que mi esposo puede usar un condón.

DOCTOR —...

PACIENTE —Sí, prefiero eso.

SITUATIONAL EXERCISES

What would you say in the following situations?

1. You are the doctor. Tell your patient that if she doesn't want to use the birth control pill, there are other methods she can use to avoid pregnancy.
2. You are the doctor. Tell your patient that you have to measure her vagina to determine the right size, but that she can insert the diaphragm before having sexual intercourse.
3. You are the doctor. Tell your patient that her fertile period is before, during, and after ovulation.
4. You are the patient. Tell your doctor that your husband doesn't want to use a condom. Ask him/her if the rhythm method is effective.
5. You are a nurse. Tell a patient that a condom is very effective if he uses it correctly.

CASES

Act out the following situations with a partner.

A doctor and his patient discuss the nature and use of the birth control methods listed below.

1. the pill
2. the I.U.D.
3. the diaphragm
4. the rhythm method

VOCABULARY EXPANSION (Optional)

Other words and expressions related to birth control:

el **bebé de probeta**   test-tube baby
colocar   to place
concebir (e:i)   to conceive
la **espuma**   foam
la **esterilidad**   sterility
esterilizar   to sterilize
eyacular   to ejaculate
la **impotencia**   impotence

la **inseminación artificial**   artificial insemination
ligar (amarrar) los tubos   to tie the tubes
lubricar   to lubricate
el **óvulo**   ovum
por vía bucal   orally
el **semen**   semen
la **vasectomía**   vasectomy

Lesson 8

Un examen físico

Carlos está en el consultorio del doctor Díaz. El doctor le está haciendo un examen general. La enfermera trae la hoja clínica del paciente y se la da al médico. Carlos tiene la presión normal, y parece muy sano.

DOCTOR DÍAZ —¿Tiene dolores de cabeza a veces?

CARLOS —Sí, a veces, cuando leo mucho.

DOCTOR DÍAZ —¿Puede doblar la cabeza hacia adelante, hasta tocar el pecho con la barbilla?

CARLOS —¿Así?

DOCTOR DÍAZ —Sí. Ahora hacia atrás. ¿Le duele cuando hace eso?

CARLOS —No, no me duele.

DOCTOR DÍAZ —¿Tiene algún ruido en los oídos?

CARLOS —Sí, en este oído, a veces.

DOCTOR DÍAZ —¿Tiene tos a veces, o está ronco sin estar resfriado?

CARLOS —No, nunca.

DOCTOR DÍAZ —¿Puede respirar por la boca, por favor? Hondo... lentamente. ¿Tiene dificultad para respirar a veces?

CARLOS —Solamente después de correr mucho.

DOCTOR DÍAZ —¿Siente algún dolor en el pecho?

CARLOS —No.

DOCTOR DÍAZ —¿Tiene a veces la presión alta o baja?

CARLOS —Siempre es normal cuando me la toman.

DOCTOR DÍAZ —¿Le duele algunas veces el estómago después de comer?

CARLOS —A veces, cuando como mucho y de prisa.

DOCTOR DÍAZ —¿Le duele cuando le aprieto el estómago así?

CARLOS —Me duele un poco...

DOCTOR DÍAZ —¿Le duele el pene cuando orina?

CARLOS —No.

DOCTOR DÍAZ —¿Puede doblar las rodillas...? Otra vez, separándolas... ¿Siente algún dolor en los huesos?

CARLOS —No, doctor.

DOCTOR DÍAZ —¿Siente comezón o ardor a veces?

CARLOS —No, nada fuera de lo común...

DOCTOR DÍAZ —¿Duerme bien?

CARLOS —A veces tengo insomnio.

DOCTOR DÍAZ —¿Sube y baja de peso con frecuencia?

CARLOS —No, siempre peso más o menos lo mismo.

DOCTOR DÍAZ —Bueno. Vamos a hacerle un análisis de sangre para ver si hay diabetes o tiene el colesterol alto. Debe ir al laboratorio en ayunas y darle esta orden a la enfermera.

CARLOS —Muy bien, doctor. ¿Cuándo vuelvo?

DOCTOR DÍAZ —Si el resultado del análisis es negativo, dentro de seis meses. Si es positivo, yo lo llamo.

CARLOS —Gracias, doctor.

A Physical Examination

Carlos is in Dr. Díaz's office. The doctor is giving him a complete (general) check-up. The nurse brings the patient's medical history and gives it to the doctor. Carlos' blood pressure is normal, and he seems very healthy.

DR. DÍAZ: Do you have headaches sometimes?
CARLOS: Yes, sometimes, when I read a lot.
DR. DÍAZ: Can you bend your head forward until you touch your chest with your chin?
CARLOS: Like this?
DR. DÍAZ: Yes. Now backwards. Does it hurt (you) when you do that?
CARLOS: No, it doesn't hurt.
DR. DÍAZ: Do you have any ringing in your ears sometimes?
CARLOS: Yes, in this ear, at times.
DR. DÍAZ: Do you sometimes have a cough or are you hoarse, without having a cold?
CARLOS: No, never.
DR. DÍAZ: Can you breathe through your mouth, please? Deep . . . slowly. Do you have difficulty breathing sometimes?
CARLOS: Only after running a lot.
DR. DÍAZ: Do you feel any pain in your chest?
CARLOS: No.
DR. DÍAZ: Is your blood pressure sometimes high or low?
CARLOS: It is always normal when they take it (for me).
DR. DÍAZ: Does your stomach hurt sometimes after eating?
CARLOS: Sometimes, when I eat a lot and in a hurry.
DR. DÍAZ: Does it hurt (you) when I squeeze your stomach like this?
CARLOS: It hurts (me) a little. . . .
DR. DÍAZ: Does your penis hurt when you urinate?
CARLOS: No.
DR. DÍAZ: Can you bend your knees . . . ? Again, separating them. . . . Do you feel any pain in your bones?
CARLOS: No, doctor.
DR. DÍAZ: Do you feel itching or burning sometimes?
CARLOS: No, nothing out of the ordinary. . . .
DR. DÍAZ: Do you sleep well?
CARLOS: Sometimes I have insomnia.
DR. DÍAZ: Do you gain and lose weight frequently?
CARLOS: No, I always weigh more or less the same.
DR. DÍAZ: Well. We are going to do a blood test to see if there is diabetes or if your cholesterol is high. You must go to the lab, in fasting condition, and give this order to the nurse.
CARLOS: Very well, doctor. When do I come back?
DR. DÍAZ: If the test result is negative, in six months. If it is positive, I'll call you.
CARLOS: Thank you, doctor.

VOCABULARY

COGNATES

constantemente constantly

la diabetes diabetes

el examen exam, examination

físico(a) physical

general general

el insomnio insomnia

negativo(a) negative

normal normal

positivo(a) positive

NOUNS

el **ardor**   burning
la **comezón**   itching
la **dificultad**   difficulty
el **examen (chequeo)**   check-up
la **presión**   blood pressure, pressure
el **resultado**   result
el **ruido**   noise, ringing

VERBS

apretar (e:ie)   to squeeze
correr   to run
doblar   to bend
parecer   to seem (**yo parezco**)
respirar   to breathe
sentir (e>ie)   to feel
separar   to separate

ADJECTIVES
bajo(a)   low
ronco(a)   hoarse
sano(a)   healthy

OTHER WORDS AND EXPRESSIONS

algunas veces, a veces   sometimes
así   like this

con frecuencia   frequently
de prisa   in a hurry
dentro de   in, within
en ayunas   on an empty stomach
fuera de lo común   out of the ordinary
hacer análisis   run (a) test
hacer un examen   to give a check-up
hacia adelante   forward
hacia atrás   backward
hasta   until, till
hondo   deep
¿le duele...?   does it hurt (you)?
lentamente   slowly
lo mismo   the same (thing)
más o menos   more or less
me duele...   it hurts (me)
otra vez   again
por la boca   through the mouth
respirar hondo   to take a deep breath
sin   without
solamente   only
un poco   a little

DIALOGUE RECALL PRACTICE

Study the dialogue you have just read; then complete the sentences below. If you cannot recall some words, reread the dialogue, focusing on the words you missed and learning them within the context of the sentences in which they appear.

DOCTOR DÍAZ —¿Tiene dolores ....

.... ?

CARLOS   —Sí, ... , cuando ....

mucho.

DOCTOR DÍAZ —¿Puede doblar ....

.... , hasta tocar el

.... con la .... ?

CARLOS   —¿Así?

DOCTOR DÍAZ —Sí. Ahora .... ¿Le duele

.... eso?

CARLOS   —No, no ....

73

DOCTOR DÍAZ —¿Tiene algún .... los

.... a veces?

CARLOS —Sí, en .... , a veces.

DOCTOR DÍAZ —¿Tiene .... a veces, o está .... sin

.... resfriado?

CARLOS —No, ...

DOCTOR DÍAZ —¿Puede respirar ....

.... , por favor? Hondo... .... ¿Tiene

.... para .... a veces?

CARLOS —Solamente ....

....

DOCTOR DÍAZ —¿Siente algún .... en el .... ?

CARLOS —No.

DOCTOR DÍAZ —¿Tiene a veces la .... o

.... ?

CARLOS —Siempre es .... me la

....

DOCTOR DÍAZ —¿Le duele .... el

.... después de .... ?

CARLOS —A veces, cuando .... y de

....

DOCTOR DÍAZ —¿Le duele cuando .... el

.... así?

CARLOS —Me duele ....

DOCTOR DÍAZ —¿Le duele el .... cuando .... ?

CARLOS —No.

DOCTOR DÍAZ —¿Puede doblar las .... ? Otra vez, ...

... ¿Siente algún .... en los .... ?

CARLOS —No, doctor.

DOCTOR DÍAZ —¿Siente comezón o ....

.... ?

CARLOS —No, nada ....

....

DOCTOR DÍAZ —¿Duerme .... ?

CARLOS —A .... tengo ....

DOCTOR DÍAZ —¿Sube y .... de .... con

.... ?

CARLOS —No, siempre peso ....

.... lo mismo.

DOCTOR DÍAZ —Bueno. Vamos a .... un .... de

.... para ver si .... o

tiene el .... Debe ir al

.... en .... y darle esta

.... a la ....

CARLOS —Muy bien, doctor. ¿........................... .... ?

DOCTOR DÍAZ —Si el resultado del .... es .... , dentro de

.... Si es .... , yo

lo ....

CARLOS —Gracias, doctor.

LET'S PRACTICE!

A. Rewrite the following sentences, substituting the italicized words with the corresponding direct object pronouns.

1. Le doy *el resultado* mañana.

   ....

2. Te traen *los alimentos* después.

   ....

3. Nos toman *la presión* con frecuencia.

   ....

4. Me dan *las pastillas*.

....

5. Les piden *el análisis de sangre*.

....

B. **You are needed as an interpreter.** **Translate the following sentences into Spanish.**

1. Is this the test result?

....

2. I need these pills.

....

3. He is breathing with difficulty.

....

4. I am going to ask the nurse if my blood pressure is normal.

....

5. She asks me for the tests.

....

6. The jelly? I always give it to her.

....

LET'S TALK!

Answer the following questions based on the dialogue.

1. ¿Qué le está haciendo el doctor a Carlos?

....

2. ¿Qué le da la enfermera al médico?

....

3. ¿Cuándo le duele la cabeza a Carlos?

....

4. ¿Cuándo tiene Carlos dificultad para respirar?

....

5. ¿Tiene Carlos la presión alta?

....

76

6. ¿Carlos siempre duerme bien?

   ....

7. ¿Para qué le van a hacer un análisis a Carlos?

   ....

8. ¿Cuándo debe volver Carlos a ver al doctor?

   ....

Some additional questions:

9. ¿Tiene Ud. la presión normal?

   ....

10. ¿Tiene Ud. dolores de cabeza a veces?

    ....

11. ¿Le duele cuando dobla la cabeza hacia atrás?

    ....

12. ¿Tiene algún ruido en los oídos a veces?

    ....

13. ¿Tiene tos?   (¿Está ronco-a?)

    ....

14. ¿Tiene Ud. dificultad para respirar?

    ....

15. ¿Le duele algo?

    ....

16. ¿Siente algún dolor en los huesos?

    ....

17. ¿Siente comezón o ardor a veces?

    ....

18. ¿Sube y baja de peso con frecuencia?

    ....

19. ¿Alguien en su familia tiene el colesterol alto?

    ....

20. ¿Tiene Ud. la presión alta? (¿baja?, ¿normal?)

....

DIALOGUE COMPLETION

Use your imagination and the vocabulary you have learned in this lesson to fill in the missing parts of the following dialogue.

El doctor Ríos y el paciente:

DOCTOR RÍOS —..

PACIENTE   —Sí, a veces tengo dolores de cabeza.

DOCTOR RÍOS —..

PACIENTE   —No, no siento ruido en los oídos, pero a veces me duelen.

DOCTOR RÍOS —..

PACIENTE   —No, nunca siento dolor en el pecho.

DOCTOR RÍOS —..

PACIENTE   —No, nunca me duele el pene cuando orino.

DOCTOR RÍOS —..

PACIENTE   —Ardor no, pero a veces siento comezón.

DOCTOR RÍOS —..

PACIENTE   —No.

DOCTOR RÍOS —..

PACIENTE   —Sí, mi padre tiene el colesterol alto.

SITUATIONAL EXERCISES

What would you say in the following situations?

1. You are the patient. Tell your doctor you want a check-up because you sometimes have headaches and difficulty breathing.
2. You are the doctor. Tell your patient to take a deep breath through her mouth. Ask her if her stomach hurts when you squeeze it.
3. You are the doctor. Tell your patient he seems healthy, but that you want to run some tests. Tell him that he must not eat anything before he comes to the lab.

CASES

Act out the following conversation with a partner.

A doctor giving a patient a complete check-up

VOCABULARY EXPANSION (Optional)

Other words and expressions which might be useful when doing a physical examination:

¿Tiene Ud.
- **dificultad al tragar?** difficulty swallowing
- **fatiga?** fatigue
- **mucha flema?** a lot of phlegm
- **gases intestinales? (flato)** intestinal gas (flatus)
- **malestar?** discomfort
- **tendencia a sangrar?** tendency to bleed
- **tos seca?** dry cough
- **urticaria?** hives

¿Alguien de su familia tiene
- **bocio?** goiter
- **enfisema?** emphysema
- **hidropesía?** dropsy
- **malaria?** malaria
- **pleuresía?** pleurisy

Lesson 9

Con el dentista

Anita va al dentista porque le duele la muela.

DENTISTA —Abra la boca, por favor. ¿Cuál es la muela que le duele? Tóquela.

ANITA —Ésta. No puedo morder nada. Y si como algo muy frío o muy caliente el dolor es insoportable.

DENTISTA —Bueno, voy a extraerle esta muela. No voy a poder salvarla porque tiene un absceso. Otro día vamos a sacarle las muelas del juicio, porque no tienen suficiente espacio.

ANITA —Muy bien... ¡Ah, doctor! Me sangran mucho las encías cuando me cepillo los dientes.

DENTISTA —Sí, veo que las tiene muy hinchadas y tiene mucho sarro. Eso puede causar piorrea y mal aliento.

ANITA —Necesito una limpieza, ¿no?

DENTISTA —Sí, pero no hoy. Cepíllese los dientes después de cada comida con un buen cepillo de dientes y una buena pasta dentífrica, y use hilo dental.

ANITA —Muy bien. Doctor, para extraerme la muela, ¿me va a dar anestesia local o general?

DENTISTA —Voy a darle novocaína. ¡Ah!, veo que esta otra muela necesita una corona.

ANITA —También hay una o dos que están picadas, ¿no?

DENTISTA —Sí, tiene dos caries. Voy a empastarlas la semana que viene.

El dentista le extrae la muela.

DENTISTA —Enjuáguese la boca y escupa aquí. Si le duele mucho, tome dos aspirinas y póngase una bolsa de hielo.

At the Dentist

Anita goes to the dentist because her tooth hurts.

DENTIST: Open your mouth, please. Which one is the tooth that hurts? Touch it.

ANITA: This one. I can't bite anything. And if I eat anything too cold or too hot, the pain is unbearable.

DENTIST Well, I am going to pull out this tooth. I won't be able to save it because you have an abscess. Some other time we are going to extract your wisdom teeth, because they don't have enough room.

ANITA: Very well. . . . Ah, doctor! My gums bleed a great deal when I brush my teeth.

DENTIST: Yes, I see they are very swollen, and you have a lot of plaque. That can cause pyorrhea and bad breath.

ANITA: I also need a cleaning, don't I?

DENTIST: Yes, but not today. Brush your teeth well after each meal with a good toothbrush and good toothpaste, and use dental floss.

ANITA: Okay. Doctor, to pull out my tooth, are you going to give me local anesthesia or general anesthesia?

DENTIST: I'm going to give you novocaine. Ah! I see that this other tooth (molar) needs a crown.
ANITA: There are also one or two that have cavities, right?
DENTIST: Yes, you have two cavities. I'm going to fill them next week.

The dentist pulls out the tooth.

DENTIST: Rinse out your mouth and spit here. If it hurts a lot, take two aspirins and put an ice pack on (your face).

VOCABULARY

COGNATES

el **absceso** abscess	**local** local
la **anestesia** anesthesia	la **novocaína** novocaine
el, la **dentista** dentist	la **piorrea** pyorrhea

NOUNS

el **aliento** breath
la **bolsa** pack, bag
la **carie**, la **picadura** cavity
el **cepillo de dientes** toothbrush
la **corona** crown
el **diente** tooth
la **encía** gum
el **espacio** room, space
el **hielo** ice
el **hilo dental** dental floss
la **limpieza** cleaning
la **muela** tooth, molar
la **muela del juicio** wisdom tooth
la **pasta dentífrica** toothpaste
el **sarro** plaque

VERBS

cepillar(se) to brush
empastar to fill (a tooth)

enjuagar(se) to rinse (out)
escupir to spit
morder (o>ue) to bite
sacar, extraer to pull, to take out
salvar to save
sangrar to bleed
tocar to touch

ADJECTIVES

caliente hot
insoportable unbearable

OTHER WORDS AND EXPRESSIONS

abra la boca open your mouth
cepillarse los dientes to brush one's teeth
está picado (cariado) it has a cavity
porque because
suficiente enough

DIALOGUE RECALL PRACTICE

Study the dialogue you have just read; then complete the sentences below. If you cannot recall some words, reread the dialogue, focusing on the words you missed and learning them within the context of the sentences in which they appear.

DENTISTA —Abra la .... , por favor. ¿Cuál es ....

....

.... ? Tóquela.

82

ANITA   —Ésta. No puedo .... Y si como algo

....

.... el dolor es ....

DENTISTA   —Bueno, ... esta

muela. No ....

.... tiene un ....

Otro día vamos a ....

.... , porque no

tienen ....

ANITA   —........................... ... ¡Ah, doctor! Me sangran mucho

.... cuando ....

....

DENTISTA   —Sí, veo que las ....

y tiene mucho .... Eso puede causar ....

....

ANITA   —Necesito .... , ¿no?

DENTISTA   —Sí, ... hoy ....

.... después de ....

.... con un buen ....

.... y una buena .... , y

use ....

ANITA   —Muy bien. Doctor, para ....

.... , ¿me va a dar ....

.... ?

DENTISTA   —Voy a .... ¡Ah!, veo que

.... necesita

....

ANITA —También hay .... o .... que

.... , ¿no?

DENTISTA —Sí, tiene .... Voy a

.... la semana ....

El dentista le extrae la muela.

DENTISTA —............................ la boca y .... aquí. Si le duele mucho,

.... y póngase

....

....

LET'S PRACTICE

A. Change the following statements into commands.

Modelos: Ud. **debe abrir** la boca.
Abra la boca.

Ud. no **debe abrir** la boca.
No abra la boca.

1. Uds. no deben morder nada.

....

2. Ud. debe cepillarse los dientes.

....

3. Uds. deben usar hilo dental.

....

4. Ud. no debe darle anestesia general.

....

5. Ud. debe empastarlas.

....

6. Ud. debe enjuagarse la boca.

....

7. Uds. no deben escupir.

....

8. Ud. debe ponerse una bolsa de hielo.

   ....

9. Ud. no debe tomar aspirinas.

   ....

10. Uds. deben usar una buena pasta dentífrica.

    ....

B. You are needed as an interpreter. Translate the following sentences into Spanish.

1. This toothbrush isn't mine. Is it yours?

   ....

2. The children must brush their teeth.

   ....

3. I rinse out my mouth after each meal.

   ....

4. We don't brush our teeth.

   ....

5. This toothpaste is ours.

   ....

6. What time does the pharmacy close?

   ....

LET'S TALK!

Answer the following questions based on the dialogue.

1. ¿Por qué va Anita al dentista?

   ....

2. ¿Cuándo tiene Anita un dolor insoportable?

   ....

3. ¿Por qué no va a poder salvar la muela el dentista?

   ....

4. ¿Por qué le va a sacar la muela del juicio?

....

5. ¿Qué problemas tiene Anita con las encías?

....

6. Para extraerle la muela, ¿el dentista le va a dar anestesia local o anestesia general?

....

7. ¿Cuántas caries tiene Anita?

....

8. ¿Qué debe hacer Anita si le duele mucho?

....

Some additional questions:

9. ¿Tiene Ud. alguna muela cariada (picada)?

....

10. ¿Siente Ud. dolor cuando muerde o cuando come algo muy caliente?

....

11. ¿Tiene Ud. un absceso?

....

12. ¿Qué puede causar el sarro?

....

13. ¿Qué pasta dentífrica usa Ud.?

....

14. ¿Cuándo debo cepillarme los dientes?

....

15. ¿Qué puedo tomar si me duele mucho la muela?

....

16. ¿Tiene Ud. alguna corona?

....

DIALOGUE COMPLETION

Use your imagination and the vocabulary you have learned in this lesson to fill in the missing parts of the following dialogues.

A.   El señor Paz va al consultario del dentista.

SEÑOR PAZ   —Doctor, tengo un dolor de muelas insoportable.

DENTISTA   — ....

SEÑOR PAZ   —Ésta es la muela que me duele.

DENTISTA   — ....

SEÑOR PAZ   —Sí, me duele cuando tomo algo muy frío.

DENTISTA   — ....

SEÑOR PAZ   —¿Extraerla? ¿No me la puede salvar?

DENTISTA   — ....

SEÑOR PAZ   —¿Me va a dar anestesia general o local?

DENTISTA   — ....

B.   A Jorge le sangran mucho las encías y va a ver a su dentista.

JORGE   —Doctor, cada vez que me cepillo los dientes las encías me sangran.

DENTISTA   —..

JORGE   —Sí, doctor, ya sé que tengo las encías hinchadas.

DENTISTA   —..

JORGE   —¿Por qué tengo sarro? ¿Es malo eso?

DENTISTA   —..

JORGE   —¿Qué puedo hacer para evitar la piorrea?

DENTISTA   —..

JORGE   —¿Es necesario usar el hilo dental?

DENTISTA   —..

SITUATIONAL EXERCISES

What would you say in the following situations?

1. You are the dentist. Tell your patient to open his mouth. Ask him which is the tooth that hurts and tell him to touch it.

2. You are the patient. Tell your dentist that when you bite on something very hot or very cold, the pain is unbearable. Tell him also that you have a lot of plaque.

3. You are the dentist. Tell your patient that you have to pull out his wisdom tooth because he doesn't have enough room in his mouth.

4. You are the patient. Tell your dentist that your gums bleed when you brush your teeth. Tell him that you have two cavities and ask him if he can fill them next week.

CASES

Act out the following situations with a partner.

1. A dentist and a patient who has to have a tooth pulled
2. A dentist and a patient who has a toothache
3. A dentist telling his patient how to take care of his teeth

VOCABULARY EXPANSION (Optional)

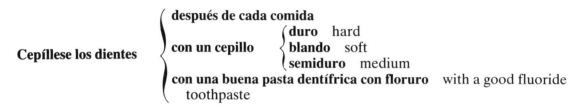

Cepíllese los dientes
- **después de cada comida**
- **con un cepillo**
  - **duro** hard
  - **blando** soft
  - **semiduro** medium
- **con una buena pasta dentífrica con floruro** with a good fluoride toothpaste

Other words related to the subject:

Clases de dientes
(Kind of teeth)
- **incisivo** incisor
- **canino** canine
- **molar** molar

ortodoncia orthodontia
ortodoncista orthodontist
canal en la raíz root canal

Las partes de un diente: (Parts of a tooth)

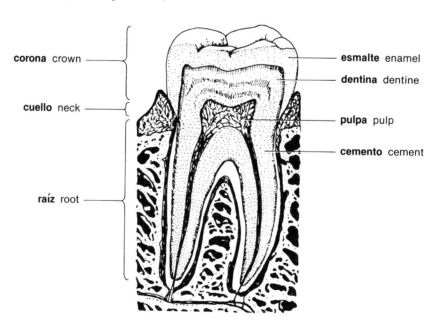

corona crown
cuello neck
raíz root

esmalte enamel
dentina dentine
pulpa pulp
cemento cement

88

Lesson 10

En la sala de emergencia

Un accidente:

Llega una ambulancia al hospital... Traen a un herido. Llevan la camilla a la sala de emergencia.

DOCTOR	—¿Qué pasó?
PACIENTE	—¡Ay...! Mi coche chocó con un árbol, me golpeé la cabeza, y me corté la frente.
DOCTOR	—¿Perdió el conocimiento?
PACIENTE	—Yo creo que sí, pero fue sólo por unos minutos.
DOCTOR	—¿Cómo se siente ahora?
PACIENTE	—Me duele mucho la cabeza.
DOCTOR	—Bueno, voy a lavarle y desinfectarle la herida. Voy a tener que darle ocho puntos y vendarle la cabeza.
PACIENTE	—¿Me va a poner una inyección antes?
DOCTOR	—Sí. Después vamos a hacerle unas radiografías para ver si hay fractura. La enfermera lo va a llevar a la sala de rayos X (equis).

Un caso de envenenamiento:

Una madre trae a su hijo a la sala de emergencia. El niño tomó veneno.

DOCTOR	—¿Qué cantidad de veneno tomó el niño, señora?
MADRE	—No sé... aquí está el frasco... está casi vacío...
DOCTOR	—¿Vomitó?
MADRE	—No.
DOCTOR	—Vamos a hacerle un lavado de estómago. No se preocupe. Pronto va a estar bien. Por favor espere afuera.

Una fractura:

La señora García se cayó en la escalera, y su esposo la trae a la sala de emergencia.

DOCTOR	—¿Dónde le duele, señora?
SEÑORA GARCÍA	—Me duele mucho el tobillo; creo que me lo torcí.
DOCTOR	—A ver... No, yo creo que es una fractura.

Después de ver las radiografías:

DOCTOR	—Pues sí, señora García, Ud. se fracturó el tobillo. Vamos a tener que enyesárselo.
SEÑORA GARCÍA	—¿Por cuánto tiempo tengo que usar el yeso?
DOCTOR	—Por cuatro semanas.
SEÑORA GARCÍA	—¿Voy a tener que usar muletas para caminar?
DOCTOR	—Sí, señora.

Una quemadura:

Una niña se quemó con agua hirviendo.   Su papá la trae a la sala de emergencia.

DOCTOR   —¿Se quemó la niña con algo eléctrico o algún ácido?
EL PAPÁ   —No, se quemó con agua hirviendo.
DOCTOR   —La niña tiene una quemadura de segundo grado.   Vamos a tener que internarla.

✳   ✳   ✳

At the Emergency Room

An accident:

An ambulance arrives at the hospital. . . .   They are bringing in an injured man.   They take the stretcher to the emergency room.

DOCTOR: What happened?
PATIENT: My car ran into a tree, I hit my head, and I cut my forehead.
DOCTOR: Were you unconscious?
PATIENT: I think so, but only for a few minutes.
DOCTOR: How do you feel now?
PATIENT: My head hurts a lot.
DOCTOR: Well I am going to wash and disinfect the wound.   I am going to have to give you eight stitches and bandage your head.
PATIENT: Are you going to give me a shot first?
DOCTOR: Yes.   Afterwards we are going to take some X-rays to see if there is a fracture.   The nurse is going to take you to the X-ray room.

A case of poisoning:

A mother brings her son to the emergency room.   The child took poison.

DOCTOR: How much poison did the child take, madam?
MOTHER: I don't know . . . here is the bottle . . . it is almost empty. . . .
DOCTOR: Did he vomit?
MOTHER: No.
DOCTOR: We are going to pump his stomach.   Don't worry.   He'll soon be well.   Please wait outside.

A fracture:

Mrs. García fell down the stairs, and her husband brings her to the emergency room.

DOCTOR: Where does it hurt, madam?
MRS. GARCÍA: My ankle hurts a lot.   I think I twisted it.
DOCTOR: Let's see . . . No, I think it's a fracture.

After seeing the X-rays:

DOCTOR: Well yes, Mrs. García, you fractured your ankle.   We're going to have to put it in a cast.
MRS. GARCÍA: For how long does it have to be in a cast?
DOCTOR: For four weeks.
MRS. GARCÍA: Am I going to have to use crutches to walk?
DOCTOR: Yes, madam.

A burn:

A child burned herself with boiling water.   Her father brings her to the emergency room.

DOCTOR: Did the child burn herself with anything electric or (any) acid?
THE FATHER: No, she burned herself with boiling water.
DOCTOR: The child has a second-degree burn.   We are going to have to admit her.

VOCABULARY

COGNATES

el **accidente** accident	**eléctrico(a)** electric
el **ácido** acid	la **fractura** fracture
el **caso** case	

NOUNS

el **árbol**   tree
la **camilla**   stretcher
el **envenenamiento**   poisoning
la **escalera**   staircase
el **frasco**   bottle
la **herida**   injury (wound)
el (la) **herido(a)**   injured person
las **muletas**   crutches
el **punto**   stitch
la **quemadura**   burn
los **rayos equis**   X-rays
la **sala**   room
el **veneno**   poison
el **yeso**[1]   cast

VERBS

caer(se)   to fall
caminar   to walk
cortar(se)   to cut (oneself)
chocar   to run into, to collide
desinfectar   to disinfect
enyesar[2]   to put a cast on
fracturar(se)   to fracture, to break
golpear(se)   to hit (oneself)
internar   to be admitted (to a hospital)

lavar   to wash
llevar   to take, to carry
pasar   to happen
quemar(se)   to burn (oneself)
sentir(se) (e:ie)   to feel
torcer(se) (o>ue)   to twist
vendar   to bandage

ADJECTIVES

hirviendo   boiling
vacío(a)   empty

OTHER WORDS AND EXPRESSIONS

afuera   outside
antes   first, before
casi   almost
Creo que sí.   I think so.
¿Cuánto tiempo...?   How long . . . ?
hacer un lavado de estómago   to pump the
   stomach
perder el conocimiento   to be unconscious
   (lose consciousness)
poner una inyección   to give a shot
por unos minutos   for a few minutes
pronto   soon

DIALOGUE RECALL PRACTICE

**Study the dialogue you have just read; then complete the sentences below. If you cannot recall
some words, reread the dialogue, focusing on the words you missed and learning them within the
context of the sentences in which they appear.**

Un accidente:

DOCTOR   —¿Qué .... ?

---

[1] Also *escayola* (Spain)
[2] Also *escayolar* (Spain)

PACIENTE —¡Ay... ! Mi coche ....

.... , me golpeé ....

.... , y .... la frente.

DOCTOR —¿Perdió .... ?

PACIENTE —Yo creo .... , pero fue sólo

.... unos ....

DOCTOR —¿Cómo .... ?

PACIENTE —Me duele ....

DOCTOR —Bueno, voy a .... y ....

.... Voy a tener que

.... ocho .... y .... la

....

PACIENTE —¿Me va a ....

.... ?

DOCTOR —Sí. Después ....

unas radiografías .... ver si ....

.... La enfermera lo va a .... a

....

....

Un caso de envenenamiento:

DOCTOR —¿Qué cantidad ....

el .... , señora?

MADRE —No sé... aquí ....

... está ....

DOCTOR —¿Vomitó?

MADRE —No.

DOCTOR —Vamos a .... un ....

.... No se preocupe. Pronto ....

.... Por favor

....

Una fractura:

DOCTOR —¿Dónde .... , señora?

SEÑORA GARCÍA —Me .... mucho el .... ; creo que

.... lo ....

DOCTOR —A ver. No... Yo creo ....

....

Después de ver las radiografías.

DOCTOR —Pues sí, señora García, Ud. .... el

.... Vamos a ....

....

SEÑORA GARCÍA —¿Por cuánto tiempo ....

.... el .... ?

DOCTOR —........................ cuatro ....

SEÑORA GARCÍA —¿Voy a tener que .... para

.... ?

DOCTOR —Sí, señora.

Una quemadura:

DOCTOR —¿Se quemó la niña ....

.... o algún .... ?

EL PAPÁ —No, ... con agua ....

DOCTOR —La niña tiene una ....

.... Vamos a ....

....

GRAMMATICAL STRUCTURE EXERCISES

A. **Fill in the blanks, using the correct form of the preterit of the following verbs. Then read each sentence aloud.**

tomar	perder	romperse
golpearse	torcerse	quemarse
ir	desinfectar	dar
llegar	ser	enyesar

   1. Mi papá .... la cabeza.

2. El doctor me .... la herida y me .... cinco puntos.

3. La ambulancia .... con un herido.

4. El niño .... con agua hirviendo.

5. El doctor López .... profesor de mi esposo.

6. Mi papá .... una pierna, y el médico se la ....

7. ¿............................ Ud. el conocimiento anoche?

8. ¿Qué cantidad de veneno .... él?

9. ¿A dónde .... Uds. después del accidente?

10. ¿Cuándo .... Ud. el tobillo?

B. **Complete the following sentences, with the Spanish equivalent of the words in parentheses.**

1. ¿Cuánto pagaste .... ? (*for the crutches*)

2. Lo llevaron a la sala de rayos X .... (*to take an X-ray*)

3. Perdió el conocimiento .... (*for a few minutes*)

4. Necesitamos los análisis .... (*for tomorrow morning*)

5. Tiene que usar el yeso .... (*for four weeks*)

6. Estos frascos son .... (*for Dr. Soto*)

LET'S TALK!

Answer the following questions based on the dialogues.

1. ¿Traen al herido en un coche o en una ambulancia?

....

2. ¿Qué le pasó al paciente cuando chocó con un árbol?

....

3. ¿Por cuánto tiempo perdió el conocimiento?

....

4. ¿Para qué van a hacerle una radiografía al paciente?

....

5. ¿Por qué le van a hacer un lavado de estómago al niño?

....

6. ¿Dónde se cayó la señora García?

....

7. ¿Por qué van a enyesarle el tobillo?

....

8. ¿Por cuánto tiempo va a tener que usar el yeso?

....

9. ¿Qué va a necesitar para caminar?

....

10. ¿Con qué se quemó la niña?

....

11. ¿Por qué van a tener que internar a la niña?

....

Some additional questions:

12. Después de una operación, ¿cómo llevan al paciente a su cuarto?   ¿En una camilla?

....

13. ¿Se golpeó Ud. la cabeza?

....

14. ¿Cómo se siente Ud. hoy?

....

15. ¿Se torció Ud. el tobillo?

....

16. Yo me rompí la pierna.   ¿Van a tener que enyesármela?

....

17. Yo me corté el dedo.   ¿Debo lavarme y desinfectarme la herida?

....

18. Tengo una quemadura de primer grado.   ¿Tienen que internarme?

....

DIALOGUE COMPLETION

Use your imagination and the vocabulary you have learned in this lesson to fill in the missing parts of the following dialogues.

A.   *El herido y el doctor:*

DOCTOR   — ....

HERIDO   —Me siento mal, la herida me duele mucho.   ¿Tiene que darme puntos?

DOCTOR   — ....

HERIDO   —¿Me va a doler?

DOCTOR   — ....

HERIDO   —La pierna también me duele mucho.   ¿Cree Ud. que tengo una fractura?

DOCTOR   — ....

HERIDO   —¿Cuándo van a estar las radiografías?

DOCTOR   — ....

B.   *La madre de un niño que tomó veneno habla con el doctor:*

MADRE   —Mi hijo tomó veneno.

DOCTOR   — ....

MADRE   —Sí, aquí está el frasco.   Está casi vacío.

DOCTOR   — ....

MADRE   —¿Un lavado de estómago?   ¿Va a estar bien después?

DOCTOR   — ....

MADRE   —Muchas gracias, doctor.

C.   *El doctor y un paciente que tiene una quemadura:*

PACIENTE   —Doctor, me quemé el brazo con ácido.   Me duele mucho.

DOCTOR   — ....

PACIENTE   —¿Una quemadura de segundo grado?

DOCTOR   — ....

PACIENTE   —¿Cuánto tiempo tengo que estar en el hospital?

DOCTOR   — ....

SITUATIONAL EXERCISES

What would you say in the following situations?

1. You are the patient. Tell the doctor that your car ran into a bus, and you hit your head and cut your face. Tell him also that you were unconscious for a few minutes.
2. You are the doctor. Tell your patient that you are going to wash and disinfect the wound and give him five stitches.
3. You are the doctor. A child has taken poison. Ask the mother how much poison he took, and whether she has the bottle. Tell her you are going to pump the child's stomach.
4. You are the doctor. A man fell off the roof and broke his leg. Tell him you are going to put his leg in a cast, and that he is going to have to use crutches to walk.

CASES

Act out the following emergency room scenes with a partner.

1. an accident
2. a case of poisoning
3. a fracture
4. a burn

VOCABULARY EXPANSION (Optional)

Some additional expressions related to accidents and emergencies:

Tenga siempre a mano el número de teléfono
Always keep at hand the telephone number

- de su **médico**
- del **centro de envenenamiento**   poisoning center
- de la **policía**   police
- del **hospital**
- del **departamento de bomberos**   fire department
- de la **ambulancia**
- de los **paramédicos**   paramedics

Para evitar el riesgo de envenenamiento,
To avoid the risk of poisoning,

- **lea bien las instrucciones antes de tomar una medicina.**
  read instructions carefully before taking (any) medicine.
- **nunca tome medicinas en la oscuridad.**
  never take (any) medicine in the dark.
- **guarde las medicinas fuera del alcance de los niños pequeños.**
  keep medicines out of small children's reach.
- **nunca le diga a un niño que la medicina es "caramelo."**
  never tell a child that medicine is "candy."
- **no use una receta médica para comprar medicinas de nuevo, sin el consentimiento de su médico.**
  don't use a medical prescription to purchase medicine again without your doctor's consent.

Lectura 2

El cáncer

(Adapted from TEL MED, tape #183)

El cáncer mata[1] a miles de personas todos los años y si esto no cambia,[2] cerca de[3] 50 millones de americanos que viven actualmente[4] tendrán[5] cáncer en algún momento de su vida.[6]

Hay tres cosas[7] que podemos hacer para protegernos[8] contra el cáncer:

1. Evitar de fumar o exponerse demasiado[9] al sol.
2. Hacerse exámenes médicos periódicamente. Los hombres de menos de 40 años deben hacerlo cada dos años, y una vez[10] al año después de los 40 años. Las mujeres de menos de 35 años deben hacerlo una vez cada dos años, y una vez al año después de los 35 años.
3. Aprender a reconocer[11] las señales[12] que indican la presencia de cáncer y ver al médico si alguno de estos síntomas persiste por más de dos semanas.

Hay siete señales que pueden indicar la existencia de cáncer:

1. Una pérdida de sangre[13] no usual.
2. Un abultamiento o endurecimiento[14] en el seno o cualquier[15] otra parte del cuerpo.
3. Una llaga[16] que no se cura.
4. Un cambio[17] en los hábitos de defecar u orinar.
5. Ronquera[18] o tos persistente.
6. Problemas de indigestión o dificultad para tragar.[19]
7. Cualquier cambio en el tamaño[20] o color de una verruga,[21] lunar[22] o mancha[23] en la piel.

El cáncer puede tratarse[24] con algunas drogas, con radiación, quimioterapia o con cirugía,[25] pero es importante ver al médico en seguida[26] si se descubren algunos de los síntomas indicados.

CONVERSACIONES

—¿Qué puedo hacer para evitar el cáncer?
—No debe fumar y no debe exponerse mucho al sol.

—¿Cada cuánto tiempo debo hacerme un examen médico?
—Si tiene menos de 35 años, cada dos años.
—Yo tengo 45 años.
—Entonces debe hacerlo cada año.

---

[1]kills [2]if this doesn't change [3]about [4]at the present time [5]will have [6]life [7]things [8]protect ourselves [9]too much [10]once [11]recognize [12]signs [13]bleeding [14]lump or hardening [15]any [16]sore [17]change [18]hoarseness [19]to swallow [20]size [21]wart [22]mole [23]birthmark [24]can be treated [25]surgery [26]right away

—Tengo dificultad para tragar.

—Eso puedo ser una señal de cáncer.

—¿Qué debo hacer?

—Debe ver a su médico si el problema persiste por más de dos semanas.

HOW MUCH DO YOU REMEMBER?

Answer the following questions:

1. ¿Qué enfermedad mata a miles de personas todos los años?
2. ¿Cuántos americanos tendrán cáncer en algún momento de su vida?
3. ¿Qué debemos evitar para protegernos contra el cáncer?
4. ¿Con qué frecuencia deben hacerese chequeos los hombres con menos de cuarenta años? ¿Con más de cuarenta?
5. ¿Con qué frecuencia deben hacerse exámenes las mujeres antes de los 35 años? ¿Después?
6. ¿Qué puede indicar un abultamiento o endurecimiento en el seno?
7. ¿Qué debemos hacer si tenemos pérdidas de sangre no usuales?
8. ¿Puede señalar Ud. tres cosas que pueden indicar cáncer?
9. ¿Con qué podemos tratar el cáncer?
10. ¿Qué es importante hacer si tenemos algunos de los síntomas que indican la presencia de cáncer?

LESSONS 6–10

VOCABULARY REVIEW

A. **Circle the appropriate expression in order to complete each sentence.** **Then read the sentence aloud.**

1. Tiene que comer por lo menos una cosa de cada (fresa, grupo, hígado).

2. Debe comer en cantidades más (pequeñas, jóvenes, peligrosas).

3. Traen al herido en una (escalera, quemadura, camilla).

4. Quiero beber un (yeso, refresco, cepillo).

5. El dentista dice que necesito una limpieza porque tengo mucho (sarro, espacio, ritmo).

6. Tomó veneno. Por eso le van a hacer un lavado de (molestia, jalea, estómago).

7. Estos alimentos tienen pocas (calorías, coronas, dificultades).

8. Abra la boca y tóquese la muela que le duele cuando (saca, salva, muerde).

9. El médico le está haciendo un examen físico. Le pregunta si tiene ardor o (comezón, control, fractura) a veces.

10. Cuando corro, tengo dificultad para (doblar, apretar, respirar).

11. No comí nada. Estoy (ronco, sano, en ayunas).

12. Para tocarme el pecho con la barbilla, debo doblar la cabeza (hondo, hacia adelante, hacia atrás).

13. ¿Tiene usted la presión normal, alta o (baja, general, distinta)?

14. No hay nada (lentamente, de prisa, fuera de lo común).

15. Respire hondo. Respire (por el pie, por los ojos, por la boca).

16. Para evitar la obesidad, hay que (torcerse el tobillo, hacer ejercicio, parecer sano).

17. Mi coche chocó con (un árbol, una pastilla, un chequeo).

18. Doble la cabeza hacia adelante hasta tocar (la espalda, las nalgas, el pecho) con la barbilla.

19. Me caí (en la escalera, correctamente, dentro de dos semanas).

20. ¿Eso se hace así? (¡Yo creo que sí!, ¿Qué pasó?, ¡En ese caso!)

B. **Circle the word or phrase that does not belong in each group.**

1. padezco, me duele, otra vez

2. sin comer, más o menos, en ayunas

3. no mucho, lo mismo, un poco

4. entrada, examen general, análisis

5. medir, ruido, tamaño

6. aparato intrauterino, condón, lista

7. chiles verdes, mantequilla de maní, melón

8. pescado, frijoles, naranja

9. quemarse, pensar, golpearse

10. probar, desinfectar, vendar

11. vendar, variedad, herida

12. agua hirviendo, quemadura, árbol

13. tener insomnio, no poder dormir, estar inconsciente

14. el condón, el control de la natalidad, la dietista

15. ¿cuánto tiempo?, unos minutos, importante

C. **Complete the following sentences by matching the items in column _A_ with those in column _B_. Then read each sentence aloud.**

_A_	_B_
1. Tiene mal ____	a. encía.
2. Póngase una bolsa ____	b. preocupada.
3. Enjuáguese ____	c. posible.
4. Me sangra la ____	d. es insoportable.
5. El dolor ____	e. cuidado.
6. No coma muchos ____	f. déle yogur.
7. Estoy muy ____	g. de hielo.
8. Voy a hacerlo ____	h. más tarde.
9. Ella padece ____	i. sé.
10. Vuelva ____	j. la boca.
11. Si no quiere leche, ____	k. del corazón.
12. Hay que tener ____	l. calorías.
13. Tiene que contar las ____	m. aliento.
14. Se rompió ____	n. la pierna.
15. Ya lo ____	o. dulces.
16. Buena ____	p. frecuencia.
17. Con ____	q. las rodillas.
18. Separe ____	r. suerte.

E. Crucigrama.

HORIZONTAL

3. *too, too much,* en español

5. *to spit,* en español

6. Tiene que seguir una ____ estricta porque está muy gordo.

8. perder peso

9. *difficult,* en español

13. El dentista va a empastarme el diente porque está ____ .

17. Tiene diabetes. Es ____ .

18. El resultado no es positivo. Es ____ .

20. padre

23. *soon,* en español

24. La pastilla ____ es un método efectivo para evitar el embarazo.

25. *newlyweds:* recién ____

27. *cabbage,* en español

30. sólo

31. En México es un «blanquillo».

33. *meat,* en español

34. Para limpiarse entre los dientes, use hilo ____ .

36. Me cepillo los ____ con pasta dentífrica.

39. *He feels,* en español

43. Tomó veneno. Es un caso de ____ .

44. *thing,* en español

46. Voy a la sala de Rayos ____ .

47. Voy a ponerle una ____ de penicilina.

48. Le van a ____ la pierna porque tiene una fractura.

50. internar

VERTICAL

1. Voy al dentista porque me duele una ____ .

2. *tree,* en español

4. Debe comer la ____ de lo que come ahora, si quiere perder peso.

7. No sé el ____ del análisis. ¿Es positivo o negativo?

8. comida

10. No es incorrecto. Es ____ .

11. Centro de ____ de la familia.

12. Tengo piorrea. Debo ir al ____ .

14. *constantly,* en español

15. Antes de extraerme la muela, el dentista me da ____ . Es una anestesia local.

16. madre

19. *cheese,* en español

20. *weight,* en español

21. Debe poner la crema por dentro y por ____ .

22. Debe ____ y desinfectar la herida.

23. Puede usar leche descremada cuando ____ las comidas.

25. No está frío. Está ____ .

26. *tomato,* en español

28. *enough,* en español

29. picadura

32. Para hacer un sándwich, necesito ____ .

35. *They take* (someplace), en español

37. *He disinfects,* en español

38. Necesita ____ para poder caminar. Le enyesaron la pierna.

40. Me corté el dedo y el médico dice que necesito cinco ____ .

41. ¿Su hijo tomó veneno? ¿Tiene el ____ vacío?

42. *grapefruit,* en español

45. *besides,* en español

49. opuesto de *anormal*

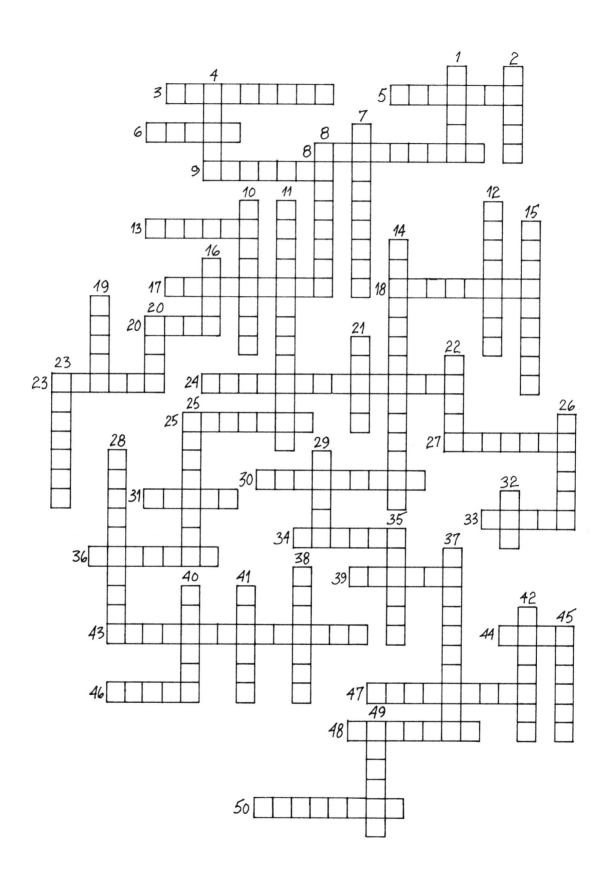

Lesson 11

Nace un bebé

La señora Guerra llama por teléfono a su médico porque comenzó a tener los dolores de parto.

DOCTOR PEÑA	—¿Cuánto tiempo hace que comenzaron los dolores?
SEÑORA GUERRA	—Hace unas dos horas. Eran las cuatro cuando comenzaron los dolores.
DOCTOR PEÑA	—¿Cada cuánto tiempo le vienen?
SEÑORA GUERRA	—Cada cinco minutos.
DOCTOR PEÑA	—¿Siente los dolores en la espalda primero y después en el vientre?
SEÑORA GUERRA	—Sí.
DOCTOR PEÑA	—Venga al hospital en seguida.

Veinte minutos más tarde, la señora Guerra está en el hospital. Su esposo no pudo venir con ella, pero la trajo una vecina. Ya se le rompió la bolsa de agua.

DOCTOR PEÑA	—Abra las piernas y doble las rodillas. Relájese. No se ponga tensa. (*Después de examinarla.*) Bueno, Ud. tiene que quedarse en el hospital. ¿A qué hora movió el vientre?
SEÑORA GUERRA	—Esta tarde, después de comer.
DOCTOR PEÑA	—Vamos a llevarla a la sala de parto, pero primero, la enfermera la va a afeitar.

En la sala de parto:

DOCTOR PEÑA	—No puje si no siente los dolores. Cálmese. Respire normalmente.
SEÑORA GUERRA	—Déme algo para calmar el dolor... por favor... ¿Voy a necesitar una operación cesárea...?
DOCTOR PEÑA	—No. Usted es un poco estrecha, pero todo va bien. Vamos a ponerle una inyección y usted no va a sentir los dolores. (*Le ponen una inyección.*) Ahora tiene usted una contracción. Puje. Muy bien. Voy a tener que usar fórceps para sacar al bebé. (*A la enfermera.*) Dame los fórceps.
SEÑORA GUERRA	—¿Pero no va a lastimar al bebé?
DOCTOR PEÑA	—No, no se preocupe. Puje... Ya está saliendo... ¡Es un varón!
SEÑORA GUERRA	—¿Tuve un varón...?
DOCTOR PEÑA	—Sí, y todo salió muy bien. Ahora tiene que venir la placenta. Puje otra vez. Así... eso es...
SEÑORA GUERRA	—¿Cuándo puedo levantarme?
DOCTOR PEÑA	—La inyección que le pusimos la dejó dormida desde la cintura para abajo. Tiene que quedarse acostada por doce horas.
SEÑORA GUERRA	—Está bien, doctor.
DOCTOR PEÑA	—¿Va a darle de mamar al bebé o piensa darle biberón?
SEÑORA GUERRA	—Pienso darle biberón.
DOCTOR PEÑA	—En ese caso vamos a ponerle una inyección, así no va a tener leche.

En la habitacion:

SEÑORA GUERRA	—(*A su vecina.*) Ve a ver al bebé. ¡Es muy bonito!

✳ ✳ ✳

A Baby is Born

Mrs. Guerra phones her doctor because she has started having labor pains.

DR. PEÑA:	How long (ago) did the pains begin?
MRS. GUERRA:	About two hours ago. It was four o'clock when the pains started.
DR. PEÑA:	How often do they come?
MRS. GUERRA:	Every five minutes.
DR. PEÑA:	Do you feel the pains in your back first and then in your belly?
MRS. GUERRA:	Yes.
DR. PEÑA:	Come to the hospital right away.

Twenty minutes later, Mrs. Guerra is in the hospital. Her husband was not able to come with her, but a neighbor brought her. Her water bag has already broken.

DR. PEÑA:	Open your legs and bend your knees. Relax. Don't tense up. (*After examining her.*) Well, you have to stay in the hospital. What time did you have a bowel movement?
MRS. GUERRA:	This afternoon, after eating.
DR. PEÑA:	We're going to take you to the delivery room, but first, the nurse is going to shave you.

In the delivery room:

DR. PEÑA:	Don't push if you don't feel the pains. Calm down. Breathe normally.
MRS. GUERRA:	Give me something to get rid of (calm) the pain . . . please. . . . Am I going to need a cesarean operation . . .?
DR. PEÑA:	No, you are a little narrow, but everything is going well. We're going to give you a shot, and you are not going to feel the pain. (*They give her a shot.*) Now you are having a contraction. Push. Very good. I'm going to have to use forceps to get the baby out. (*To the nurse.*) Give me the forceps.
MRS. GUERRA:	But isn't (that) going to hurt the baby?
DR. PEÑA:	No, don't worry. Push. . . . It's (already) coming out. . . . It's a boy!
MRS. GUERRA:	Did I have a boy . . .?
DR. PEÑA:	Yes, and everything turned out fine. Now the placenta has to come. Push again. Like that . . . that's it. . . .
MRS. GUERRA:	When can I get up?
DR. PEÑA:	The injection we gave you left you numb from the waist down. You have to remain lying down for twelve hours.
MRS. GUERRA:	Okay, doctor.
DR. PEÑA:	Are you going to nurse the baby or are you planning on giving him a bottle?
MRS. GUERRA:	I plan to give him a bottle.
DR. PEÑA:	In that case we're going to give you a shot; that way you're not going to have (any) milk.

In the room:

MRS. GUERRA:	(*To her neighbor.*) Go see the baby! He's very pretty!

VOCABULARY

COGNATES

la **cesárea** cesarean	**normalmente** normally
la **contracción** contraction	la **operación** operation
los **fórceps** forceps	la **placenta** placenta

NOUNS

el **biberón,** el **tete,** la **mamila** baby bottle	el **parto** delivery
la **bolsa de agua** water bag	la **sala de parto** delivery room
la **materia fecal** stool, excrement	el **varón** male, boy
el, la **médico(a)** M.D., doctor	el (la) **vecino(a)** neighbor

el **vientre**, la **barriga**   abdomen

VERBS

afeitar(se), rasurar(se)   to shave
calmar(se)   to calm down
lastimar(se)   to hurt (oneself)
nacer   to be born
pujar   to push (in the case of labor or defecation)
quedarse   to remain, to stay
relajarse   to relax

ADJECTIVES

dormido(a), entumecido(a)   numb
estrecho(a)   narrow

OTHER WORDS AND EXPRESSIONS

acostado(a)   lying down
así   that way
dar de mamar, dar el pecho   to nurse
desde la cintura para abajo   from the waist down
dolores de parto   labor pains
mover(o:ue) el vientre, hacer caca,[1] **obrar, defecar**   to have a bowel movement
ponerse tenso(a)   to tense up
unas...   about . . .
un poco   a little

DIALOGUE RECALL PRACTICE

Study the dialogue you have just read; then complete the sentences below. If you cannot recall some words, reread the dialogue, focusing on the words you missed and learning them within the context of the sentences in which they appear.

La señora Guerra llama por teléfono a su médico:

DOCTOR PEÑA —¿Cuánto tiempo hace ....

.... ?

SEÑORA GUERRA —Hace unas .... Eran

.... cuando ....

los ....

DOCTOR PEÑA —¿Cada .... le

.... ?

SEÑORA GUERRA —........................... cinco minutos.

DOCTOR PEÑA —¿Siente los .... en la .... primero y

después en el .... ?

SEÑORA GUERRA —Sí.

DOCTOR PEÑA —Venga al ....

....

---

[1] **hacer caca** (colloquial); also **corregir (e>i)** (Cuba)

Veinte minutos más tarde:

DOCTOR PEÑA —Abra las .... y doble las ....

Relájese. No se .... (*Después*

de examinarla.) Bueno, Ud. ....

.... en el .... ¿A qué hora

.... el .... ?

SEÑORA GUERRA —Esta tarde, ... de ....

DOCTOR PEÑA —Vamos a .... a la .... de

.... , pero .... , la

.... la va a ....

En la sala de parto:

DOCTOR PEÑA —No puje si .... los

.... Cálmese. .... normalmente.

SEÑORA GUERRA —Déme algo .... el

.... por favor... ¿Voy a .... una

.... ?

DOCTOR PEÑA —No. Usted es un .... , pero todo

.... Vamos a ponerle una

.... y usted no va a ....

.... (*Le ponen una inyección.*)

Ahora tiene usted ....

.... Muy bien. Voy a tener que ....

.... para .... al

....

SEÑORA GUERRA —¿Pero no va a .... al .... ?

DOCTOR PEÑA —No, no .... Puje... Ya

.... ¡Es ....

.... !

SEÑORA GUERRA —¿........................... un .... ?

DOCTOR PEÑA —Sí, y todo ....

.... Ahora tiene que .... la

.... Puje ....

.... Así... ....

....

SEÑORA GUERRA —¿Cuándo .... ?

DOCTOR PEÑA —La inyección que .... la dejó

.... desde la .... para

.... Tiene que .... acostada por

....

SEÑORA GUERRA —Está bien, doctor.

DOCTOR PEÑA —¿Va a ....

al bebé o .... darle .... ?

SEÑORA GUERRA —Pienso ....

DOCTOR PEÑA —En ese caso .... a .... una

.... , así no ....

....

En la habitación, a su vecina:

SEÑORA GUERRA —............................... a .... al bebé. ¡Es muy bonito!

LET'S PRACTICE!

A. You are needed as an interpreter. Translate the following sentences into Spanish.

1. How long have you had the pain?

   ....

2. I haven't had a bowel movement for two days.

   ....

3. Whose baby bottle is this?

   ....

4. Her husband wasn't able to come with her.

   ....

5. The doctor didn't come today.

....

6. Did they bring you to the hospital, Miss Vera?

....

7. What did you do with the baby bottle?   Where did you put it?

....

8. What did the doctor say?

....

B.   Fill in the blanks with the imperfect tense of the verbs in parentheses.

1. Ella no (poder) .... doblar la rodilla.

2. Yo siempre (ponerse) .... tensa.

3. Los dolores me (venir) .... cada cinco minutos.

4. ¿(Sentir) .... usted dolores en el vientre?

5. Nosotros no (querer) .... quedarnos en el hospital.

6. La enfermera siempre (afeitar) .... a los pacientes.

7. Ella (estar) .... acostada.

8. Ellos (tener) .... las piernas entumecidas.

LET'S TALK!

Answer the following questions based on the dialogue.

1. ¿Cuánto tiempo hace que la señora Guerra tiene dolores?

....

2. ¿Cada cuánto tiempo le vienen los dolores?

....

3. ¿Dónde siente los dolores?

....

4. ¿Se le rompió la bolsa de agua?

....

5. ¿Tiene que quedarse la señora Guerra en el hospital?

....

6. ¿Adónde van a llevarla?

....

7. ¿Qué va a hacer la enfermera primero?

....

8. ¿Va a necesitar la señora Guerra una operación cesárea?

....

9. ¿Qué va a usar el doctor para sacar al bebé?

....

10. ¿Qué tuvo la señora Guerra?

....

11. ¿Cuánto tiempo tiene que quedarse acostada?

....

12. ¿Va a darle de mamar al bebé la señora Guerra?

....

Some additional questions:

13. ¿Trabaja Ud. en la sala de partos?

....

14. La señora Rivas tiene dolores de parto cada tres minutos, ¿qué hago?

....

15. Cuando Ud. nació, ¿lo (la) sacaron con fórceps?

....

16. ¿Es necesario mover el vientre todos los días?

....

17. ¿Qué es mejor para el bebé, darle de mamar o darle biberón?

....

18. ¿Cuántas operaciones cesáreas puede tener una mujer?

....

DIALOGUE COMPLETION

Use your imagination and the vocabulary you have learned in this lesson to fill in the missing parts of the following dialogue.

La paciente llama al doctor:

PACIENTE —Hola, ¿doctor Paz? Comencé a tener dolores...

DOCTOR —...

PACIENTE —Hace una hora.

DOCTOR —...

PACIENTE —Cada seis minutos.

DOCTOR —...

PACIENTE —Primero en la espalda y después en el vientre.

DOCTOR —...

PACIENTE —Muy bien, doctor. En seguida vamos.

En la sala de parto:

PACIENTE —¿Pujo ahora, doctor?

DOCTOR —...

PACIENTE —¿Voy a necesitar una operación cesárea?

DOCTOR —...

PACIENTE —¿Con fórceps? ¿No va a lastimar eso al bebé?

DOCTOR —...

PACIENTE —¡Estoy pujando!

DOCTOR —...

PACIENTE —¡Un varón! ¿Está bien?

DOCTOR —...

PACIENTE —Doctor. Yo quiero darle biberón al bebé. No voy a darle el pecho.

DOCTOR —...

SITUATIONAL EXERCISES

What would you say in the following situations?

1. You are the patient. Call your doctor and tell him that you have labor pains. Tell him they are coming three minutes apart. Tell him also that you feel pain in the abdomen.

112

2. You are the doctor, and you are checking a patient. Tell her to open her legs and bend her knees. Tell her also not to be tense and to relax. Ask her what time she had a bowel movement.

3. You are the nurse. Tell your patient that you are going to shave her, and then they are going to take her to the delivery room.

4. You are the doctor. Tell your patient not to push if she doesn't feel the pain(s), and to breathe normally. Tell her she is a little narrow, so you are going to have to take the baby out with forceps.

5. You are the doctor. Tell your patient she has to push again because the placenta has to come out.

6. You are the doctor. Tell your patient that the shot you gave her left her numb from the waist down, and that she needs to remain lying down for twelve hours.

7. Tell a friend that you are having labor pains and to please call the doctor.

CASES

Act out the following situations with a partner.

1. A patient calling the doctor to tell him/her she's having labor pains
2. A doctor examining a patient to see whether she's ready to be admitted
3. A patient and her doctor in the delivery room

VOCABULARY EXPANSION (Optional)

Other words and expressions related to the subject:

el **bebé prematuro**   premature baby
el **cordón umbilical**   umbilical cord
el **cuidado**   { **pre-natal**
                  { **post-natal**
dar a luz, parir   to give birth
el **feto**   fetus
la **fórmula**   formula

la **incubadora**   incubator
los (las) **mellizos(as), gemelos(as)**[1]   twins
la **partera, comadrona**   midwife
ei **parto natural**   natural childbirth
la **raquianestesia**   spinal anesthesia
el, la **recién nacido(a)**   newborn
la **sala de maternidad**   maternity ward

---

[1]Also **cuates** (*Mex.*) and **jimaguas** (*Cuba*)

Lesson 12

En el centro médico

Vamos a ver lo que pasa una mañana en los consultorios de algunos especialistas.

En el consultorio del oculista:

OCULISTA —Mire la pared. ¿Puede leer las letras más pequeñas?
PACIENTE —No las veo claramente.
OCULISTA —¿Y la línea siguiente?
PACIENTE —También está borrosa.
OCULISTA —¿La próxima?
PACIENTE —¡Esa sí! (*Lee las letras.*)
OCULISTA —Dígame ahora cuántas luces ve. ¿Están cerca o lejos?
PACIENTE —Veo dos… están cerca…
OCULISTA —Siga el punto rojo… Ahora lea las letras con estos lentes. ¿Qué letras ve mejor? ¿Las letras del lado rojo o las (letras) del lado verde?
PACIENTE —Las letras que están en el lado verde.
OCULISTA —Ahora voy a hacerle la prueba del glaucoma. Eche la cabeza hacia atrás y mire el punto que está en el techo.

En el consultorio del urólogo:

SEÑOR PAZ —Doctor, mi esposa tuvo otro bebé, y nosotros no queríamos más hijos… Ahora ella quiere una histerectomía, pero yo no sé…
DOCTOR —Una histerectomía es cirugía mayor. ¿Por qué no se hace usted una vasectomía, que es una operación menor?
SEÑOR PAZ —¿Cuánto tiempo tengo que estar en el hospital?
DOCTOR —Puedo operarlo aquí mismo, y sólo tiene que dejar de trabajar dos días.
SEÑOR PAZ —¡Ah! Yo no sabía que era tan fácil…

En el consultorio del cirujano:

SEÑORA MENA —Doctor, el otro día, cuando me estaba revisando los senos, encontré una bolita en el pecho izquierdo…
DOCTOR —Vamos a ver.

Después de examinarla:

DOCTOR —Sí, encuentro algo duro en el seno.
SEÑORA MENA —Puede ser cáncer, ¿verdad?
DOCTOR —Puede ser un quiste o un tumor, pero la mayoría de los tumores son benignos. Para asegurarnos de que no es maligno, podemos hacer una biopsia, pero antes vamos a hacerle una mamografía.

En el consultorio del dermatólogo:

PACIENTE — Doctor, tengo mucho acné. Usé una crema pero no me dio resultado.

DOCTOR — Sí, tiene muchos granos y espinillas. Es un problema frecuente en las personas jóvenes.

PACIENTE — Yo como muchas grasas y mucho chocolate...

DOCTOR — Ud. necesita tratamiento, pero la dieta no tiene importancia en este caso.

PACIENTE — ¿Qué tengo que hacer?

DOCTOR — Yo voy a sacarle las espinillas y el pus de los granos. Además, usted debe usar un jabón medicinal y una loción.

PACIENTE — Muy bien. ¡Ah! Tengo una verruga en el cuello. Traté de cortármela y me sangró mucho.

DOCTOR — Eso es peligroso. Yo puedo quitársela la próxima vez.

✳ ✳ ✳

At the Medical Center

Let us see what happens one morning in the offices of some specialists.

In the ophthalmologist's office:

OPHTHALMOLOGIST: Look at the wall. Can you read the smallest letters?

PATIENT: I don't see them clearly.

OPHTHALMOLOGIST: And the following line?

PATIENT: It's also blurry.

OPHTHALMOLOGIST: The next (one)?

PATIENT: That (one) I can read! (*She reads the letters.*)

OPHTHALMOLOGIST: Tell me now how many lights you see. Are they near or far away?

PATIENT: I see two . . . they are close. . . .

OPHTHALMOLOGIST: Follow the red dot. . . . Now read the letters with these glasses. Which letters do you see better? The letters on the red side or the ones on the green side?

PATIENT: The letters which are on the green side.

OPHTHALMOLOGIST: Now I'm going to do a glaucoma test. Tilt your head back and look at the dot (that is) on the ceiling.

In the urologist's office:

MR. PAZ: Doctor, my wife had another baby, and we didn't want (any) more children. . . . Now she wants a hysterectomy, but I don't know. . . .

DOCTOR: A hysterectomy is major surgery. Why don't you have a vasectomy, which is a minor operation?

MR. PAZ: How long do I have to be in the hospital?

DOCTOR: I can operate on you right here, and you only have to be off work for two days.

MR. PAZ: Oh! I didn't know that it was so easy. . . .

In the surgeon's office:

MRS. MENA: Doctor, the other day, when I was checking my breasts, I found a little lump in my left breast. . . .

DOCTOR: Let's see.

After examining her:

DOCTOR: Yes, I found something hard in your breast.

MRS. MENA: It may be cancer, right?

DOCTOR: It may be a cyst or a tumor, but most tumors are benign. To make sure that it is not malignant, we can do a biopsy; but first we're going to do a mammogram.

In the dermatologist's office:

PATIENT: Doctor, I have (a great deal of) acne. I used a cream, but it didn't work for me.

DOCTOR: Yes, you have many pimples and black-heads. It is a problem (which is) frequent in young people.

PATIENT: I eat a lot of fats and a lot of chocolate. . . .

DOCTOR: You need treatment, but the diet is irrelevant in this case.

PATIENT: What do I have to do?

DOCTOR: I'm going to take out the black-heads and the pus from the pimples. Besides, you must use a medicated soap and a lotion.

PATIENT: Very well. Oh! I have a wart on my neck. I tried to cut it off, and it bled a lot.

DOCTOR: That is dangerous. I can remove it next time.

VOCABULARY

COGNATES

el **acné** acne

benigno(a) benign

la **biopsia** biopsy

el **chocolate** chocolate

el **glaucoma** glaucoma

la **histerectomía** hysterectomy

la **loción** lotion

maligno(a) malignant

la **vasectomía** vasectomy

NOUNS

la **bolita** little ball, lump
la **cirugía** surgery
el **cirujano** surgeon
la **espinilla** black-head
el **grano** pimple
la **grasa** fat, grease
el **jabón** soap
el **lado** side
la **línea** line
la **luz** light
la **pared** wall
el **punto** dot
el **quiste** cyst
el **techo** ceiling, roof
el **tratamiento** treatment
la **verruga** wart
la **vez** time (in a series)

VERBS

operar to operate
quitar to take out, to remove

ADJECTIVES

borroso(a) blurry
fácil easy
mayor major
medicinal medicated
menor minor
siguiente following, next

OTHER WORDS AND EXPRESSIONS

aquí mismo right here
cerca near, close
claramente clearly
dar resultado to work, to produce results
echar la cabeza hacia atrás to tilt one's head back
la **mayoría** the majority
la **próxima vez** next time
lejos far
no tener importancia to be irrelevant

DIALOGUE RECALL PRACTICE

Study the dialogue you have just read; then complete the sentences below. If you cannot recall some words, reread the dialogue, focusing on the words you missed and learning them within the context of the sentences in which they appear.

En el consultorio del oculista:

OCULISTA —Mire .... ¿Puede leer

.... más .... ?

PACIENTE —No las ....

OCULISTA —¿Y la .... ?

PACIENTE —También ....

OCULISTA —¿La .... ?

PACIENTE —¡Ésa .... ! (*Lee las letras.*)

OCULISTA —Dígame ahora ....

.... ¿Están .... o .... ?

PACIENTE —Veo .... están ....

OCULISTA —Siga el .... Ahora lea

.... con estos ....

¿Qué .... ve .... ? ¿Las

.... del lado .... o las ....

.... ?

PACIENTE —Las letras que .... en el ....

....

OCULISTA —Ahora voy a .... la .... del

.... Eche la ....

.... y mire el .... que ....

en el ....

En el consultario del urólogo:

SEÑOR PAZ —Doctor, mi esposa ....

.... , y nosotros no ....

118

.... Ahora ella quiere

.... , pero yo

no ....

DOCTOR —Una .... es cirugía .... ¿Por qué no se

hace usted .... , que es una

.... menor?

SEÑOR PAZ —¿Cuánto tiempo .... que .... en el

.... ?

DOCTOR —Puedo .... aquí mismo, y sólo .... que

.... dos días.

SEÑOR PAZ —¡Ah! Yo no .... que .... tan fácil...

En el consultorio del cirujano:

SEÑORA MENA —Doctor, ... ,

cuando me estaba .... los .... , encontré

una .... en el .... izquierdo...

DOCTOR —Vamos ....

Después de examinarla:

DOCTOR —Sí, ... algo .... en el

....

SEÑORA MENA —Puede .... , ¿verdad?

DOCTOR —Puede ser un .... o un .... , pero la

.... de los .... son

.... Para asegurarnos de que no ....

.... , podemos hacer ....

.... , pero antes vamos a ....

....

En el consultorio del dermatólogo:

PACIENTE —Doctor, tengo .... Usé una

.... pero no ....

....

DOCTOR —Sí, tiene muchos .... y .... Es un

.... frecuente en las ....

....

PACIENTE —Yo como muchas .... y mucho ....

DOCTOR —Usted necesita .... , pero la .... no

.... en este ....

PACIENTE —¿Qué .... que .... ?

DOCTOR —Yo voy a .... las .... y el pus de los

.... Además, usted debe .... un

.... y una ....

PACIENTE —Muy bien. ¡Ah! Tengo una .... en el ....

Traté de .... y me ....

....

DOCTOR —Eso es .... Yo puedo .... la

....

LET'S PRACTICE!

Complete the following sentences, using either the preterit or the imperfect of the verbs in parentheses. Then read each sentence aloud.

1. Ayer yo no (poder) .... leer las letras porque (ser) ....
muy pequeñas.

2. Ayer el oculista me (hacer) .... la prueba del glaucoma.

3. Mi esposa (tener) .... un bebé ayer.

4. Anoche ella (decir) .... que no (querer) .... operarse.

5. Yo no (saber) .... que ella (estar) .... embarazada. Lo
(saber) .... ayer.

6. Ayer, cuando yo me (estar) .... revisando los senos, (encontrar)

   .... algo duro.

7. Ayer él (cortarse) .... la verruga y le (sangrar) ....
   mucho.

8. (Ser) .... las cuatro cuando ellos (llegar) .... al
   consultorio del dermatólogo.

LET'S TALK!

Answer the following questions based on the dialogue.

1. ¿Cómo ve el paciente del oculista las dos primeras líneas?

   ....

2. ¿Qué letras ve mejor el paciente: las del lado verde o las del lado rojo?

   ....

3. ¿Qué prueba va a hacerle el oculista al paciente?

   ....

4. ¿Qué operación quiere hacerse la señora Paz?

   ....

5. ¿Cuánto tiempo debe dejar de trabajar el señor Díaz después de la vasectomía?

   ....

6. ¿Qué encontró la señora Mena cuando se estaba revisando los senos?

   ....

7. ¿Qué va a hacer el doctor para asegurarse de que el tumor no es maligno?

   ....

8. ¿A quién le van a hacer una mamografía?

   ....

9. ¿Qué problemas tiene el paciente del dermatólogo?

   ....

10. ¿Qué no es importante en este caso?

   ....

11. ¿Qué debe usar el paciente para el acné?

   ....

12. ¿Qué le pasó al paciente cuando trató de cortarse la verruga?

   ....

Some additional questions:

13. Si las letras son pequeñas, ¿las ve usted claramente?

   ....

14. ¿Le hicieron a usted la prueba del glaucoma?

   ....

15. ¿La histerectomía es una operación mayor o menor?   ¿Y la vasectomía?

   ....

16. ¿Son malignos todos los tumores?

   ....

17. ¿Qué podemos hacer para saber si un tumor es benigno o maligno?

   ....

18. ¿Tuvo usted acné alguna vez?

   ....

19. ¿Tiene usted espinillas?   ¿Granos?

   ....

20. ¿Come usted muchas grasas?   ¿Mucho chocolate?

   ....

21. ¿Está usted siguiendo algún tratamiento?

   ....

22. Tengo muchas espinillas.   ¿Qué debo hacer?

   ....

23. ¿Tiene usted verrugas?

   ....

24. ¿Le sangra a veces la nariz?

   ....

DIALOGUE COMPLETION

Use your imagination and the vocabulary you have learned in this lesson to fill in the missing parts of the following dialogues.

A.   En el consultorio del oculista:

OCULISTA   —¿.. ?

PACIENTE   —No, están borrosas.

OCULISTA   —¿.. ?

PACIENTE   —Esas sí.   P X T V L

OCULISTA   —¿.. ?

PACIENTE   —Veo dos luces.

OCULISTA   —¿.. ?

PACIENTE   —Veo mejor las letras que están en el lado rojo.

B.   En el consultorio del urólogo:

PACIENTE   —¿.. ?

URÓLOGO   —Sí, la histerectomía es una operación mayor.

PACIENTE   —¿.. ?

URÓLOGO   —La vasectomía es más simple.

PACIENTE   —¿.. ?

URÓLOGO   —No, no tiene que ir al hospital.   Yo puedo operarlo aquí mismo.

C.   En el consultorio del cirujano:

PACIENTE   —Cuando me revisé los senos, encontré una bolita.

DOCTOR   —..

PACIENTE   —¿La encuentra, doctor?

DOCTOR   —..

PACIENTE   —¿Puede ser un tumor maligno?

DOCTOR   —..

D.   En el consultorio del dermatólogo:

DOCTOR   —Ud. tiene mucho acné.

PACIENTE   —..

DOCTOR —La dieta no tiene importancia, pero Ud. necesita tratamiento.

PACIENTE —...

DOCTOR —Voy a sacarle las espinillas y el pus de los granos.

PACIENTE —...

DOCTOR —Sí, puede usar un jabón medicinal y una loción.

SITUATIONAL EXERCISES

What would you say in the following situations?

1. You are the ophthalmologist. Tell your patient that you are going to do a glaucoma test. Tell him to tilt his head back and to look at the ceiling.
2. You are the patient. Ask your doctor if he can perform a vasectomy in his office, and how long you have to be off work.
3. You are the doctor. Tell your patient that most tumors are benign. Tell her also that she needs a mammogram.
4. You are the doctor. Tell your patient not to try to cut off a wart, because it may be dangerous.

CASES

Act out the following situations with a partner.

1. An ophthalmologist testing his / her patient's vision
2. A urologist discussing a vasectomy with a patient
3. A doctor talking with a patient who found a lump in her breast
4. A dermatologist talking to a patient who has acne

VOCABULARY EXPANSION (Optional)

Some additional terms related to urology:

El paciente tiene
- **cálculos (piedras) en la vejiga** stones in the urinary bladder
- **inflamación de la vejiga** inflammation of the urinary bladder
- **irritación y dolor al orinar** irritation and painful urination
- **la urea alta (uremia)** uremia

Some terms related to dermatology:

Ud. tiene
- **el cutis** skin
  - **seco** dry
  - **grasiento** oily
  - **normal** normal
- **hongos** fungus
- **una infección en el cuero cabelludo** an infection in the scalp

Some terms related to the eyes:

Ud. tiene
{
astigmatismo   astigmatism
desprendimiento de la retina   retina detachment
miopía   near-sightedness
daltonismo   color blindness
los párpados infectados   infection of the eyelids
cataratas   cataracts
la vista fatigada   eyestrain
}

Él es
{
bizco   cross-eyed
ciego   blind
miope, corto de vista   near-sighted
présbite   far-sighted
}

Lesson 13

En el hospital

La señora Peña tuvo una hemorragia anoche. La trajeron al hospital y le dieron una transfusión de sangre. Acaba de visitarla su médico y ahora está hablando con la enfermera.

ENFERMERA	—Buenos días, señora. Hoy se ve mucho mejor. ¿Cómo durmió anoche?
SEÑORA PEÑA	—Dormí mejor con las pastillas que me dio el médico.
ENFERMERA	—Sí, eran calmantes. ¿Le duele el brazo donde le pusieron sangre?
SEÑORA PEÑA	—No, pero ¿cuándo me quitan el suero? Tengo unos moretones alrededor de la vena.
ENFERMERA	—Voy a quitárselo ahora mismo. Pero antes voy a tomarle el pulso y la temperatura. Póngase el termómetro debajo de la lengua.

Después de un rato:

SEÑORA PEÑA	—Por favor, necesito la chata.
ENFERMERA	—Aquí está. Levante las nalgas para ponerle la chata. Después voy a darle un baño de esponja aquí en la cama.

La enfermera baña a la paciente, la ayuda a cambiarse de ropa y le da unas fricciones en la espalda.

SEÑORA PEÑA	—Ahora me siento mucho mejor. ¿Puede subirme un poco la cama?
ENFERMERA	—¡Cómo no! ¿Así está cómoda? En seguida le traigo el almuerzo. Pero antes voy a darle una cucharada de este líquido.
SEÑORA PEÑA	—¡Ay! A mí no me gusta esa medicina. ¡Ah!... estaba preocupada... Yo tenía un reloj y dos anillos cuando vine...
ENFERMERA	—No se preocupe. Están guardados en la caja de seguridad del hospital. Si le hace falta algo más, avíseme. Apriete este botón que está al lado de la cama.
SEÑORA PEÑA	—Muy amable. Gracias. ¡Ah! ¿Cuáles son las horas de visita?
ENFERMERA	—De dos a tres y de siete a nueve.
SEÑORA PEÑA	—¿Cuándo cree Ud. que me van a dar de alta?
ENFERMERA	—No sé. Tiene que preguntárselo a su médico.

✳   ✳   ✳

At the Hospital

Mrs. Peña had a hemorrhage last night. They brought her to the hospital and gave her a blood transfusion. Her doctor has just visited her and now she is talking with the nurse.

NURSE:	Good morning, madam. You look much better today. How did you sleep last night?
MRS. PEÑA:	I slept better with the tablets that the doctor gave me.
NURSE:	Yes, they were tranquilizers. Does your arm hurt where they gave you the blood (transfusion)?
MRS. PEÑA:	No, but when are you going to take out the serum (I.V.)? I have some bruises around the vein.
NURSE:	I'm going to take it out right now. But first I'm going to take your pulse and temperature. Put the thermometer under your tongue.

A while later:

MRS. PEÑA: I need the bedpan, please.

NURSE: Here we are. Lift your buttocks so I can place the bedpan for you. Afterwards I'm going to give you a sponge bath here in bed.

The nurse bathes the patient, helps her change clothes, and gives her a back rub.

MRS. PEÑA: Now I feel much better. Can you raise the bed a little?

NURSE: Sure. Are you comfortable like this? I'll bring you your lunch right away. But first, I'm going to give you a spoonful of this liquid.

MRS. PEÑA: Oh! I don't like that medicine. Oh! . . . I was worried. . . . I had a watch and two rings when I came. . . .

NURSE: Don't worry. They're put away in the hospital safe. If you need anything else, let me know. Press this button at the side of the bed.

MRS. PEÑA: That's very kind (of you). Thank you. Oh! What are the visiting hours?

NURSE: From two to three and from seven to nine.

MRS. PEÑA: When do you think I am going to be released?

NURSE: I don't know. You have to ask your doctor.

VOCABULARY

COGNATES

la **hemorragia** hemorrhage

el **pulso** pulse

la **tableta** tablet

el **termómetro** thermometer

la **transfusión** transfusion

NOUNS

el **almuerzo** lunch
el **anillo** ring
el **botón** button
la **caja de seguridad** safe
el **calmante** tranquilizer
la **cucharada** spoonful
la **fricción** rub, rubbing
el **moretón,** el **morado** bruise
el **reloj** watch
la **ropa** clothes, clothing
el **suero** I.V. (serum)
la **vena** vein

VERBS

apretar (e:ie) to press
avisar to let know
ayudar to help
cambiar(se) to change (clothes)

subir to lift, to go up
verse to look, to seem

ADJECTIVES

cómodo(a) comfortable
guardado(a) put away
varios(as) several

OTHER WORDS AND EXPRESSIONS

al lado de at the side of
alrededor de around
baño de esponja sponge bath
cómo no sure, certainly
dar de alta to release (from a hospital)
debajo de under
horas de visita visiting hours
muy amable very kind (of you)

DIALOGUE RECALL PRACTICE

Study the dialogue you have just read; then complete the sentences below. If you cannot recall some words, reread the dialogue, focusing on the words you missed and learning them within the context of the sentences in which they appear.

La señora Peña y la enfermera:

ENFERMERA —Buenos días, señora. Hoy ....

.... ¿Cómo ....

.... ?

SEÑORA PEÑA —Dormí mejor ....

.... que me dio el ....

ENFERMERA —Sí, eran .... ¿Le duele ....

.... donde ....

.... ?

SEÑORA PEÑA —No, pero ¿........................... ....

el suero? Tengo unos .... de la

....

ENFERMERA —Voy a ....

Pero antes voy a ....

.... y la .... Póngase el

.... debajo ....

....

Después de un rato.

SEÑORA PEÑA —Por favor, necesito ....

ENFERMERA —Aquí está. Levante .... para ponerle

.... Después voy a

....

.... aquí en la cama.

La enfermera baña a la paciente, la ayuda a cambiarse de ropa y le da unas fricciones en la espalda.

SEÑORA PEÑA —Ahora ....

.... ¿Puede .... un poco

.... ?

ENFERMERA —¡Cómo no! ¿Así .... ? En seguida

....

.... Pero antes voy a ....

.... de este ....

SEÑORA PEÑA —¡Ay! A mí no me gusta esa .... ¡Ah!... estaba

.... Yo tenía ....

.... y dos .... cuando

....

ENFERMERA —No se preocupe. Están .... en la ....

.... del hospital. Si le hace falta

.... , avíseme. Apriete

.... que está ....

....

....

SEÑORA PEÑA —Muy amable. Gracias. ¡Ah! ¿Cuáles son ....

.... ?

ENFERMERA —De dos a tres y de siete a nueve.

SEÑORA PEÑA —¿Cuándo .... Ud. que me van a ....

.... ?

ENFERMERA —No .... Tiene que .... a su

....

LET'S PRACTICE

Fill in the blanks, using the equivalent of the words in parentheses:

1. Hubo un accidente y todos .... (*died*)

2. La enfermera .... un baño de esponja. (*has just given me*)

3. ¿.......................... las horas de visita? (*What are*)

4. Ella .... porque le dieron un calmante. (*slept better*)

5. ¿.......................... un suero? (*What is*)

6. No estoy cómoda .... otra almohada. (*I need*)

7. ¿.......................... ? Le voy a dar una fricción. (*Does your back hurt?*)

8. La señora le .... la cuña a la enfermera. (*ask for*)

9. ¿.......................... el almuerzo? (*Did you like*)

10. .... el almuerzo a las once. (*They served*)

LET'S TALK!

Answer the following questions based on the dialogue.

1. ¿Por qué trajeron a la señora Peña al hospital?

....

2. ¿Quién acaba de visitarla y con quién está hablando ahora?

....

3. ¿Por qué durmió mejor la señora Peña?

....

4. ¿Dónde tiene la señora unos moretones?

....

5. ¿Qué va a hacer la enfermera antes de quitarle el suero?

....

6. ¿Dónde debe ponerse el termómetro la señora Peña?

....

7. ¿Qué hace la enfermera después de bañar a la paciente?

....

8. ¿Qué le va a dar antes de traerle el almuerzo?

....

9. ¿Por qué estaba preocupada la señora Peña?

....

10. ¿Qué debe hacer la señora si le hace falta algo?

....

11. ¿Cuáles son las horas de visita?

....

12. ¿Sabe la enfermera cuándo van a dar de alta a la señora Peña?

....

Some additional questions:

13. ¿Le dieron a Ud. una transfusión de sangre alguna vez?

....

14. ¿Cómo durmió Ud. anoche?

....

15. ¿Les da Ud. baños de esponja a sus pacientes?

....

16. ¿Me va a tomar el pulso?

....

17. ¿Está cómodo(a)?

....

18. ¿Qué toma Ud. cuando le duele la cabeza?

....

19. ¿Hay una caja de seguridad en el hospital donde Ud. trabaja?

....

20. ¿Le hace falta algo?

....

DIALOGUE COMPLETION

Use your imagination and the vocabulary you have learned in this lesson to fill in the missing parts of the following dialogues.

A. *La señora Orta y la enfermera:*

ENFERMERA   — ....

SEÑORA ORTA   —Gracias, dormí mucho mejor.

ENFERMERA   — ....

132

SEÑORA ORTA —Sí, me duele mucho y tengo unos morados.

ENFERMERA — ....

SEÑORA ORTA —Sí, en el brazo, alrededor de la vena.

B. La enfermera habla con la señorita Rojas:

ENFERMERA —Voy a darle un baño de esponja.

SEÑORITA ROJAS — ....

ENFERMERA —Sí, aquí en la cama.

SEÑORITA ROJAS — ....

ENFERMERA —No, no puedo subirle la cama ahora.

SEÑORITA ROJAS — ....

ENFERMERA —Le traigo el almuerzo después, pero antes debe tomar este líquido.

SEÑORITA ROJAS — ....

ENFERMERA —No, sólo tiene que tomar una cucharada.

SEÑORITA ROJAS — ....

ENFERMERA —Las horas de visita son de doce a dos y de siete a nueve.

SITUATIONAL EXERCISES

What would you say in the following situations?

1. You are the patient. Tell the nurse that you did not sleep very well last night, and that you want some tranquilizers. Ask her when she is going to take out the I.V.
2. You are the nurse. Tell the patient to lift her buttocks because you are going to place the bedpan for her. Tell her also that you are going to give her a sponge bath later.
3. You are the nurse. Tell your patient that you are going to take his pulse and his temperature. Tell him to place the thermometer under his tongue. Tell him also to take two spoonfuls of his medicine.
4. You are the nurse. Tell your patient that you are going to help him change clothes and give him a back rub. Tell him also to press the button if he needs you.
5. You are the doctor. Tell your patient that she is much better, and that you are going to release her tomorrow.

CASES

Act out the following situations with a partner.

1. A nurse and a patient discussing safekeeping of items, visiting hours, and the release of a patient from the hospital
2. A nurse and a patient who had a blood transfusion and is now feeling some discomfort

VOCABULARY EXPANSION (Optional)

Other words and expressions related to the hospital:

¿Dónde está
- el **elevador, ascensor?** elevator
- la **oficina de pagos?** business (payment) office
- la **sala de espera?** waiting room
- el **cajero?** cashier
- la **tienda de regalos?** gift shop
- la **unidad de cuidados intensivos?** intensive care unit
- el **banco de sangre?** the blood bank
- el **departamento de personal?** personnel department

Busco

el departamento de
- **archivo clínico** medical records
- **enfermería** nursing
- **ortopedia** orthopedics
- **enfermedades mentales** mental health
- **anestesiología** anesthesiology
- **pediatría** pediatrics

la sala de
- **cardiología** cardiology
- **cirugía (operaciones)** surgery, operating room
- **bebés** nursery
- **maternidad (partos)** delivery room
- **pacientes externos** outpatient

Lesson 14

En el laboratorio y la sala de rayos equis

La señora Pérez ha venido hoy al laboratorio porque hace tres días que su médico le ordenó unos análisis.

Análisis de sangre:

TÉCNICO	—¿Cuánto tiempo hace que comió?
SEÑORA PÉREZ	—Estoy en ayunas. No he comido nada desde anoche.
TÉCNICO	—Muy bien. Voy a sacarle una muestra de sangre. Para el conteo, voy a pincharle el dedo. Va a dolerle un poco.
SEÑORA PÉREZ	—¿Y para el análisis de tiroides?
TÉCNICO	—Para eso voy a sacarle sangre de la vena. Súbase la manga. Extienda el brazo y abra y cierre la mano. Ahora, déjela cerrada.
SEÑORA PÉREZ	—¿Así?
TÉCNICO	—Sí, voy a ponerle una ligadura. Va a apretarle un poco.
SEÑORA PÉREZ	—¿Me va a doler?
TÉCNICO	—No, abra la mano poco a poco. Ya está. Ahora voy a ponerle una curita.

Análisis de orina:

TÉCNICO	—Necesito una muestra de orina. Vaya al baño y orine en este vasito.
SEÑORA PÉREZ	—¿Dónde está el baño?
TÉCNICO	—Es el segundo cuarto a la derecha. Límpiese bien los genitales con esta servilleta de papel.
SEÑORA PÉREZ	—¿Necesita toda la orina?
TÉCNICO	—No. Comience a orinar en el inodoro, y después de unos segundos, termine de orinar en el vasito.
SEÑORA PÉREZ	—Está bien. ¿Dónde debo dejar la muestra de materia fecal?
TÉCNICO	—Llévela al cuarto que está al final del pasillo, a la izquierda.
SEÑORA PÉREZ	—¿Cuándo van a estar listos los análisis?
TÉCNICO	—Su doctor le va a avisar.

Una radiografía del pecho:

El señor Franco fue a la sala de rayos X porque su doctor le había ordenado una radiografía del pecho.

TÉCNICO	—Quítese la ropa y póngase esta bata.

Momentos después.

TÉCNICO	—Párese aquí y ponga los brazos a los costados.
SEÑOR FRANCO	—¿Así?
TÉCNICO	—No, acérquese un poco más. No se mueva… Respire hondo… aguante la respiración… no respire ahora… respire…

135

SEÑOR FRANCO	—¿Ya puedo irme?
TÉCNICO	—No, espere un momento.
SEÑOR FRANCO	—Creía que ya habíamos terminado.
TÉCNICO	—Tengo que ver si la radiografía ha salido bien.

Una enema de Barium:

El señor Barrios necesita hacerse una radiografía de colon.

TÉCNICO	—Acuéstese en la mesa. Vamos a insertarle este tubo en el recto.
SEÑOR BARRIOS	—¿Eso me va a doler?
TÉCNICO	—No, no le va a doler. Relájese. No se ponga tenso. Respire por la boca.
SEÑOR BARRIOS	—¿Esto es como una enema?
TÉCNICO	—Algo similar. Vuélvase sobre el lado derecho... ahora sobre el lado izquierdo. Ya está.

Una radiografía del estómago:

La señora Sosa va al a laboratorio a hacerse una radiografía del estómago.

TÉCNICO	—Por favor, párese aquí y tome este líquido.
SEÑORA SOSA	—¿Lo tomo todo ahora?
TÉCNICO	—No, yo le voy a avisar cuándo puede tomarlo.
SEÑORA SOSA	—Muy bien.
TÉCNICO	—Tome un poco... trague ahora...
SEÑORA SOSA	—Esto es muy malo. No me gusta...
TÉCNICO	—Tome un poco más, por favor... trague ahora... no trague...
SEÑORA SOSA	—¿Ya hemos terminado?
TÉCNICO	—Sí, puede irse.

✳   ✳   ✳

In the Lab and the X-ray Room

Mrs. Perez has come to the lab today because three days ago her doctor ordered some tests.

Blood test:

TECHNICIAN:	How long ago did you eat?
MRS. PÉREZ:	I'm fasting. I haven't eaten anything since last night.
TECHNICIAN:	Very well. I'm going to get a sample (from you). For the blood count, I'm going to prick your finger. It's going to hurt (you) a little.
MRS. PÉREZ:	And for the thyroid test?
TECHNICIAN:	For that I'm going to draw blood from the vein. Roll up your sleeve. Stretch your arm out and open and close your hand. Now leave it closed.
MRS. PÉREZ:	Like this?
TECHNICIAN:	Yes, I'm going to put a tourniquet around your arm. It's going to be a little tight.
MRS. PÉREZ:	Is it going to hurt (me)?
TECHNICIAN:	No, open your hand little by little. That's it. Now I'm going to put a band-aid (on your arm).

Urine test:

TECHNICIAN:	I need a urine sample. Go to the bathroom and urinate in this little cup (glass).
MRS. PÉREZ:	Where is the bathroom?
TECHNICIAN:	It's the second room on the right. Clean your genitals (well) with this paper napkin.
MRS. PÉREZ:	Do you need all the urine?
TECHNICIAN:	No. Start to urinate in the toilet, and after a few seconds, finish urinating in the little cup.
MRS. PÉREZ:	Okay. Where should I leave the stool sample?
TECHNICIAN:	Take it to the room (which is) at the end of the hallway, on the left.

MRS. PÉREZ: When will the tests be ready?
TECHNICIAN: Your doctor will let you know.

A chest X-ray:

Mr. Franco went to the X-ray room because his doctor had ordered a chest X-ray.

TECHNICIAN: Take off your clothes and put on this robe.

Moments later.

TECHNICIAN: Stand here and put your arms at your sides.
MR. FRANCO: Like this?
TECHNICIAN: No, get a little closer. Don't move. . . . Take a deep breath . . . hold your breath . . . don't breathe now . . . breathe. . . .
MR. FRANCO: May I go now?
TECHNICIAN: No, wait a moment.
MR. FRANCO: I thought we had finished.
TECHNICIAN: I have to see if the X-ray has turned out okay.

An X-ray of the colon:

Mr. Barrios needs to have an X-ray of the colon.

TECHNICIAN: Lie down on the table. We're going to insert this tube into your rectum.
MR. BARRIOS: Is that going to hurt (me)?
TECHNICIAN: No, it's not going to hurt (you). Relax. Don't tense up. Breathe through your mouth.
MR. BARRIOS: Is this like an enema?
TECHNICIAN: Something similar. Turn on your right side . . . now on your left side. That's it.

An X-ray of the stomach:

Mrs. Sosa goes to the lab to have an X-ray of the stomach.

TECHNICIAN: Please stand here and drink this liquid.
MRS. SOSA: Shall I drink it all now?
TECHNICIAN: No, I'll tell you (let you know) when you can drink it.
MRS. SOSA: Very well.
TECHNICIAN: Drink a little . . . swallow now. . . .
MRS. SOSA: This is very bad. I don't like it. . . .
TECHNICIAN: Drink a little more, please . . . swallow now . . . don't swallow. . . .
MRS. SOSA: Have we finished?
TECHNICIAN: Yes, you may go.

VOCABULARY

COGNATES

el **colon** colon	**similar** similar
la **enema** enema	el **tiroides** thyroid
los **genitales,** las **partes** genitals, parts	el **tubo** tube
el **momento** moment	

NOUNS

el **baño,** el **excusado**   bathroom
la **bata**   robe
el **conteo**   blood count, count
la **curita**   band-aid
el **inodoro**   toilet
el **lado,** el **costado**   side
la **ligadura,** el **torniquete**   tourniquet
el **papel**   paper
el **pasillo**   hallway
la **sala de rayos equis**   X-ray room
la **salud**   health
el **segundo**   second
la **servilleta**   napkin
el **técnico**   technician
el **vasito**   little glass (cup)

VERBS

acercarse   to get close
extender (e:ie)   to stretch
irse   to leave, to go away
limpiar(se)   to clean (oneself)
moverse(o:ue)   to move
ordenar   to order
pararse   to stand up

pinchar   to prick
terminar   to finish, to be done
tragar   to swallow
volverse(o:ue), darse vuelta   to turn (over)

ADJECTIVES

cerrado(a)   closed
derecho(a)   right
izquierdo(a)   left
listo(a)   ready

OTHER WORDS AND EXPRESSIONS

a los costados, a los lados   to (at) the sides
aguantar la respiración   to hold one's breath
al final   at the end of
poco a poco   little by little
por la boca   through the mouth
quitarse la ropa   to take off one's clothes
salir bien   to turn out okay
sobre   on
subirse la manga   to roll up one's sleeve
Ya está   Ready. That's it.
¿Ya terminamos?   Are we finished?

DIALOGUE RECALL PRACTICE

Study the dialogue you have just read; then complete the sentences below. If you cannot recall some words, reread the dialogue, focusing on the words you missed and learning them within the context of the sentences in which they appear.

Análisis de sangre:

TÉCNICO   —¿Cuánto tiempo hace .... ?

SEÑORA PÉREZ   —Estoy .... No he comido nada

....

TÉCNICO   —Muy bien. Voy a .... una .... de

.... Para el .... , voy a

.... el .... Va a ....

un poco.

SEÑORA PÉREZ   —¿Y para el .... de .... ?

TÉCNICO   —Para eso voy a .... de la

.... Súbase ....

.... Extienda ....

138

.... y .... y .... la

mano. Ahora ....

SEÑORA PÉREZ —¿Así?

TÉCNICO —Sí, voy a .... una .... Va a

....

SEÑORA PÉREZ —¿Me .... ?

TÉCNICO —No, abra la .... poco ....

.... Ya está. Ahora ....

.... una ....

Análisis de orina:

TÉCNICO —Necesito una ....

.... Vaya al .... y

.... en este ....

SEÑORA PÉREZ —¿Dónde .... el .... ?

TÉCNICO —Es el segundo .... a la .... Límpiese

bien los .... con esta ....

....

SEÑORA PÉREZ —¿Necesita ....

.... ?

TÉCNICO —No. Comience a .... en el .... , y

después de .... , termine de

.... en el ....

SEÑORA PÉREZ —Está bien. ¿Dónde debo .... la .... de

.... ?

TÉCNICO —Llévela al .... que .... al final del

.... , a la ....

SEÑORA PÉREZ —¿Cuándo van a .... los

.... ?

TÉCNICO — Su doctor le ....

....

Una radiografía del pecho:

TÉCNICO — Quítese la .... y ....

....

Momentos después.

TÉCNICO — Párese aquí y .... los .... a los

....

SEÑOR FRANCO —¿Así?

TÉCNICO — No, ... un poco .... No

.... Respire

.... aguante ....

.... no ....

respire…

SEÑOR FRANCO —¿Ya .... ?

TÉCNICO — No, ...

SEÑOR FRANCO —Creía que ya ....

TÉCNICO — Tengo que .... si la radiografía ....

.... bien.

Una radiografía del colon:

TÉCNICO — Acuéstese ....

.... Vamos a .... este

.... en el ....

SEÑOR BARRIOS —¿Eso me ....

.... ?

TÉCNICO — No, no le ....

.... Relájese. No ....

.... Respire por la

....

SEÑOR BARRIOS —¿Esto es como .... ?

TÉCNICO   —Algo .... Vuélvase .... el

.... derecho… ahora sobre el ....

.... Ya ....

Una radiografía de estómago:

TÉCNICO   —Por favor, ... y tome este

....

SEÑORA SOSA   —¿Lo .... ?

TÉCNICO   —No, yo ....

.... cuándo ....

SEÑORA SOSA   —Muy bien.

TÉCNICO   —Tome .... … trague

.... …

SEÑORA SOSA   —Esto es .... No

.... …

TÉCNICO   —Tome .... , por

favor… trague .... … no .... …

SEÑORA SOSA   —¿Ya .... ?

TÉCNICO   —Sí, ...

LET'S PRACTICE!

A. Re-write the following sentences, first in the present perfect and then in the pluperfect.

1. Tengo problemas de salud.

....

....

2. Se limpia los genitales.

....

....

3. Usan servilletas de papel.

....

....

4. ¿Le pones una ligadura en el brazo?

....

....

5. El doctor ordena una radiografía.

....

....

6. Nosotros no hacemos nada.

....

....

B. **Complete the following sentences with the Spanish equivalent of the words in parentheses.**

1. Tiene las manos .... (*closed*)

2. Las puertas del baño estaban .... (*open*)

3. Ellos están .... en el pasillo. (*standing*)

4. La mujer no estaba .... (*dead*)

5. El análisis está .... (*done*)

LET'S TALK!

Answer the following questions based on the dialogue.

1. ¿Cuánto tiempo hace que el doctor le ordenó unos análisis a la señora Pérez?

....

2. ¿Ha comido algo hoy la señora Pérez?

....

3. ¿Qué va a hacerle el técnico para el conteo?

....

4. ¿Para qué le van a sacar sangre de la vena?

....

5. ¿Qué debe hacer la señora Pérez antes de orinar en el vasito?

....

6. ¿Dónde debe dejar la señora la muestra de materia fecal?

....

142

7. ¿Qué le había ordenado el doctor al señor Franco?

    ....

8. ¿Qué le van a hacer al señor Barrios para la radiografía del colon?

    ....

9. ¿Qué le han hecho a la señora Sosa?

    ....

Some additional questions:

10. ¿Cuánto tiempo hace que Ud. comió?

    ....

11. ¿Le han hecho alguna vez una radiografía del colon?

    ....

12. Ud. me va a sacar sangre de la vena. ¿Qué debo hacer?

    ....

13. ¿Dónde está el baño?

    ....

14. ¿Ya puedo irme?

    ....

15. Para hacerme una radiografía del pecho, ¿debo quitarme toda la ropa? ¿Qué me pongo?

    ....

16. Para la radiografía del colon, ¿tengo que acostarme?

    ....

DIALOGUE COMPLETION

Use your imagination and the vocabulary you have learned in this lesson to fill in the missing parts of the following dialogues.

A. Análisis de sangre:

TÉCNICO   —¿Cuánto tiempo hace que comió?

PACIENTE   —...

TÉCNICO   —Muy bien. Voy a sacarle sangre de la vena.

PACIENTE   —...

TÉCNICO —Sí, es para el análisis del tiroides.

PACIENTE —..

TÉCNICO —Sí, súbase la manga, por favor. Extienda el brazo y abra y cierre la mano.

PACIENTE —..

TÉCNICO —Sí, así está bien.

B. Análisis de orina:

TÉCNICO —..

PACIENTE —¿Dónde está el baño?

TÉCNICO —..

PACIENTE —¿Orino en este vasito?

TÉCNICO —..

PACIENTE —¿Necesita toda la orina?

TÉCNICO —..

PACIENTE —¿Cuándo va estar listo el análisis?

TÉCNICO —..

C. Una radiografía de estómago:

PACIENTE —¿Tengo que quitarme la ropa?

TÉCNICO —..

PACIENTE —¿Dónde me paro?

TÉCNICO —..

PACIENTE —¿Tengo que tomarlo todo?

TÉCNICO —..

PACIENTE —Muy bien.

TÉCNICO —..

PACIENTE —¡No me gusta este líquido! ¡Es horrible!

TÉCNICO —..

PACIENTE —¿Ya terminamos?

TÉCNICO —..

SITUATIONAL EXERCISES

What would you say in the following situations?

1. You are the lab technician. Tell your patient that you are going to prick her finger for a blood count.
2. You are the lab technician. Tell your patient that you are going to put a tourniquet on his arm. Tell him also that he must open his hand slowly.
3. You are the lab technician. Tell your patient to clean his genitals and then urinate—first in the toilet and then in the little cup.
4. You are the lab technician. Tell your patient not to move, to take a deep breath, and to hold his breath. Finally, tell him to wait outside.
5. You are the lab technician, doing an X-ray of the colon. Tell your patient that you are going to insert a tube in his rectum. Tell him it is similar to an enema. Tell him also to turn over on his left side.

CASES

Act out the following situations with a partner.

1. A blood test to check the thyroid gland
2. A chest X-ray
3. A urine test
4. A stomach X-ray

VOCABULARY EXPANSION (Optional)

Some other terms related to the subject:

Quítese
- la **chaqueta**   jacket
- la **blusa**   blouse
- el **abrigo**   coat
- los **pantalones**   pants
- las **medias**   stockings, socks
- los **zapatos**   shoes
- la **ropa interior**   underwear

la **orden escrita del médico**   the written order from the doctor
Necesita una operación de corazón abierto.   He needs open heart surgery.
No coma ni tome nada después de la medianoche.   Don't eat or drink anything after midnight.
Tápelo(a) bien.   Cover it tightly.
el **sonograma**   sonogram
Tiene las arterias obstruidas.   He has clogged arteries.

Lesson 15

Enfermedades venéreas

Hacía varios días que la señorita Ramos deseaba hablar con un médico porque sospechaba que tenía una enfermedad venérea. Por fin hoy fue al Departamento de Salud Pública y ahora está hablando con una enfermera.

SEÑORITA RAMOS	—Me gustaría hablar con un médico porque creo que tengo una enfermedad venérea.
SEÑORA MÉNDEZ	—¿Qué síntomas tiene? ¿Tiene alguna llaga o lesión?
SEÑORITA RAMOS	—No, pero cuando orino me arde mucho la vagina, y además me sale un líquido…
SEÑORA MÉNDEZ	—¿Tiene el líquido un color amarillento o verdoso…?
SEÑORITA RAMOS	—Sí, es verdoso y tiene mal olor.
SEÑORA MÉNDEZ	—¿Cuándo comenzó todo esto?
SEÑORITA RAMOS	—Comencé a tener mucho ardor hace dos semanas.
SEÑORA MÉNDEZ	—¿Sabe Ud. si el hombre con quien Ud. ha tenido relaciones sexuales tiene también esos síntomas?
SEÑORITA RAMOS	—Bueno… no sé… Creo que uno de ellos tiene sífilis o gonorrea… o herpes.
SEÑORA MÉNDEZ	—Señorita Ramos, Ud. tendrá que ir a la clínica de enfermedades venéreas. Allí le dirán si necesita tratamiento.

Al día siguiente la señorita Ramos va a la clínica de enfermedades venéreas. La enfermera la revisa y ve que tiene varios síntomas que indican gonorrea. Uno de los médicos reconoce a la señorita Ramos y confirma el diagnóstico. Momentos después la señorita Ramos habla con la señora Alba, investigadora de enfermedades venéreas.

SEÑORA ALBA	—¿Cuánto tiempo hace que tiene estos síntomas, señorita Ramos?
SEÑORITA RAMOS	—Unas dos semanas…
SEÑORA ALBA	—¿Cuándo fue la última vez que tuvo relaciones sexuales?
SEÑORITA RAMOS	—Hace una semana.
SEÑORA ALBA	—Necesitamos saber el nombre y la dirección del hombre con quien tuvo relaciones sexuales, señorita Ramos.
SEÑORITA RAMOS	—¿Para qué?
SEÑORA ALBA	—Si él tiene gonorrea, necesita tratamiento, y cuanto antes mejor.
SEÑORITA RAMOS	—Pues… yo me había acostado con otros hombres antes.
SEÑORA ALBA	—Necesitamos el nombre y la dirección de todos ellos. Es muy importante. La gonorrea es muy contagiosa.
SEÑORITA RAMOS	—Bueno, yo creo que podré conseguirlos.
SEÑORA ALBA	—No tome ninguna bebida alcohólica, ni se acueste con nadie hasta estar completamente curada. Evite los ejercicios físicos.
SEÑORITA RAMOS	—Bueno. ¿Tendré que volver la semana que viene?
SEÑORA ALBA	—Sí. ¿Podría venir el lunes a las tres de la tarde?
SEÑORITA RAMOS	—Sí.

*   *   *

Venereal Diseases

Miss Ramos had been wanting to speak with a doctor for several days because she suspected that she had a venereal disease. Finally today she went to the Department of Public Health and is now talking with a nurse.

MISS RAMOS:	I would like to speak with a doctor because I think I have a venereal disease.
MRS. MENDEZ:	What are your symptoms? Do you have a sore or lesion?
MISS RAMOS:	No, but when I urinate, my vagina burns a lot, and besides, I have a discharge (a liquid comes out of me). . . .
MRS. MENDEZ:	Does the liquid have a yellowish or greenish color?
MISS RAMOS:	Yes, it is greenish . . . and it has (a) bad odor.
MRS. MENDEZ:	When did all this start?
MISS RAMOS:	I started feeling (having) a lot of burning two weeks ago.
MRS. MENDEZ:	Do you know if the man with whom you have had sexual relations also has those symptoms?
MISS RAMOS:	Well . . . I don't know. . . . I think one of them has syphilis or gonorrhea . . . or herpes . . .
MRS. MENDEZ:	Miss Ramos, you will have to go to the V.D. Clinic. There they will tell you if you need treatment.

The following day, Miss Ramos goes to the V.D. Clinic. The nurse examines her and sees that she has several symptoms that indicate gonorrhea. One of the doctors examines Miss Ramos and confirms the diagnosis. Moments later, Miss Ramos speaks with Mrs. Alba, (a) V.D. investigator.

MRS. ALBA:	How long have you had these symptoms, Miss Ramos?
MISS RAMOS:	About two weeks.
MRS. ALBA:	When was the last time you had sex?
MISS RAMOS:	A week ago.
MRS. ALBA:	We need to know the name and address of the man with whom you had sex, Miss Ramos.
MISS RAMOS:	What for?
MRS. ALBA:	If he has gonorrhea, he needs treatment, and the sooner the better.
MISS RAMOS:	Well . . . I had gone to bed with other men before.
MRS. ALBA:	We need the names and addresses of all of them. It's very important. Gonorrhea is very contagious.
MISS RAMOS:	Well, I think I'll be able to get them.
MRS. ALBA:	Don't drink any alcoholic beverages or go to bed with anybody until you are completely cured. Avoid physical exercises.
MISS RAMOS:	Okay. Will I have to come back next week?
MRS. ALBA:	Yes. Could you come Monday at three o'clock in the afternoon?
MISS RAMOS:	Yes.

VOCABULARY

COGNATES

contagioso(a) contagious	la **lesión** lesion
el **departamento** department	**público(a)** public
la **gonorrea** gonorrhea	la **sífilis** syphilis
el, la **investigador(a)** investigator	**venérea** venereal
el **herpes** herpes	

NOUNS

el **diagnóstico** diagnosis	la **llaga** sore
el **ejercicio** exercise	el **olor** odor
el **hombre** man	

VERBS

arder to burn
confirmar to confirm
indicar to indicate
sospechar to suspect

ADJECTIVES

amarillento(a) yellowish
curado(a) cured
último(a) last
verdoso(a) greenish

OTHER WORDS AND EXPRESSIONS

al día siguiente the next day

allí there
a veces sometimes
completamente completely
cuanto antes mejor the sooner the better
la **última vez** the last time
mal olor bad odor
me sale un líquido, tengo un flujo I have a
    discharge
momentos después moments later
por fin finally
todo esto all this

DIALOGUE RECALL PRACTICE

Study the dialogue you have just read; then complete the sentences below. If you cannot recall some words, reread the dialogue, focusing on the words you missed and learning them within the context of the sentences in which they appear.

En el Departamento de Salud Pública:

SEÑORITA RAMOS —Me .... hablar con un .... porque

.... que .... una enfermedad

....

SEÑORA MÉNDEZ —¿Qué .... tiene? ¿Tiene alguna .... o

lesión?

SEÑORITA RAMOS —No, pero cuando ....

.... mucho ....

.... , y además ....

.... un ....

SEÑORA MÉNDEZ —¿Tiene el líquido un .... o

....?

SEÑORITA RAMOS —Sí, es .... y tiene ....

....

SEÑORA MÉNDEZ —¿Cuándo ....

.... ?

SEÑORITA RAMOS —Comencé a tener .... hace dos

semanas.

SEÑORA MÉNDEZ —¿Sabe Ud. si el .... con quien Ud. ....

.... tiene

también .... ?

SEÑORITA RAMOS —Bueno... no sé... Creo que uno de ellos ....

.... o .... o ....

SEÑORA MÉNDEZ —Señorita Ramos, Ud. .... que .... a la

.... de ....

Allí le .... si ....

....

En la clínica de enfermedades venéreas:

SEÑORA ALBA —¿Cuánto tiempo ....

.... estos .... , señorita Ramos?

SEÑORITA RAMOS —Unas dos ....

SEÑORA ALBA —¿Cuándo fue ....

.... que tuvo ....

.... ?

SEÑORITA RAMOS —Hace ....

SEÑORA ALBA —Necesitamos saber ....

.... del

hombre con quien ....

.... , señorita Ramos.

SEÑORITA RAMOS —¿Para qué?

SEÑORA ALBA —Si él tiene gonorrea, ... , y

....

SEÑORITA RAMOS —Pues... yo ....

.... con otros hombres ....

SEÑORA ALBA	—Necesitamos ....
	.... de
	todos ellos. Es muy importante. La gonorrea es muy
	....
SEÑORITA RAMOS	—Bueno, yo creo que ....
SEÑORA ALBA	—No tome ....
	.... , ni .... con
	nadie .... completamente
	.... Evite los ....
	....
SEÑORITA RAMOS	—Bueno. ¿............................ que .... la semana
	.... ?
SEÑORA ALBA	—Sí. ¿......................... venir el lunes ....
	.... tres ....
	tarde?
SEÑORITA RAMOS	—Sí.

LET'S PRACTICE!

A. **Change the following sentences, first into the future and then into the conditional tense.**

1. Dice que está curado.

....

....

2. El médico confirma el diagnóstico.

....

....

3. Los hombres vienen mañana.

....

....

4. Hablamos con la investigadora.

   ....

   ....

5. Tú debes evitar los ejercicios físicos.

   ....

   ....

6. Yo puedo conseguir los nombres.

   ....

   ....

B. **Complete the following sentences with the Spanish equivalent of the words in parentheses.**

1. Él dijo que .... (*he would come to see me*)

2. Ellos .... Departamento de Salud Pública ....

   (*will arrive at / at five in the afternoon*)

3. Él hablará .... (*about herpes*)

4. Dijo que .... (*she had had those symptoms for a week*)

LET'S TALK!

Answer the following questions based on the dialogue.

1. ¿Cuánto tiempo hacía que la señorita Ramos sospechaba que tenía una enfermedad venérea?

   ....

2. ¿Qué síntomas tiene la señorita Ramos?

   ....

3. ¿Cómo es el líquido que le sale de la vagina?

   ....

4. ¿Cuánto tiempo hace que comenzaron los síntomas?

   ....

5. ¿Qué hace la señorita Ramos al día siguiente?

   ....

6. ¿Qué hace uno de los médicos?

   ....

152

7. ¿Con quién habla despúes la señorita Ramos?

....

8. ¿Cuándo fue la última vez que la señorita Ramos tuvo relaciones sexuales?

....

....

9. ¿Qué dice la señora Alba sobre la gonorrea?

....

10. ¿Es contagiosa la gonorrea? (¿Y la sífilis?) (¿Y el herpes?)

....

11. ¿Se había acostado la señorita Ramos con otros hombres antes?

....

12. ¿Qué debe evitar la señorita Ramos hasta estar completamente curada?

....

....

13. ¿Cuándo tendrá que volver a la clínica?

....

Some additional questions:

14. ¿Le gustaría trabajar en una clínica de enfermedades venéreas?

....

15. ¿Qué síntomas tiene una persona que tiene herpes?

....

16. De las enfermedades venéreas, ¿cuál es la más peligrosa?

....

17. ¿Qué tratamiento necesita una persona que tiene sífilis?

....

18. ¿Por qué debe evitar tener relaciones sexuales una persona que tiene una enfermedad venérea?

....

DIALOGUE COMPLETION

Use your imagination and the vocabulary you have learned in this lesson to fill in the missing parts of the following dialogues.

A.   En el Departamento de Salud Pública:

ENFERMERA — ....

PACIENTE —Sí, señorita.   Tengo una llaga y me arde mucho cuando orino.

ENFERMERA — ....

PACIENTE —Sí, me sale un líquido amarillento.

ENFERMERA — ....

PACIENTE —Sí, tiene mal olor.

ENFERMERA — ....

PACIENTE —No sé si él también tiene estos síntomas.   Él no me ha dicho nada.

ENFERMERA — ....

PACIENTE —¿Tiene Ud. la dirección de la clínica?

ENFERMERA — ....

B.   En la clínica de enfermedades venéreas:

INVESTIGADOR — ....

PACIENTE —No sé la dirección, pero le puedo dar el nombre.   ¿Para qué quiere saberlo?

INVESTIGADOR — ....

PACIENTE —Yo creía que solamente la sífilis era contagiosa.   ¿Hasta cuándo debo esperar para tener relaciones sexuales?

INVESTIGADOR — ....

SITUATIONAL EXERCISES

What would you say in the following situations?

1. You are a patient.   Tell the nurse that you have a sore on your genitals.   Tell her also that it burns when you urinate, and you have a discharge—a greenish liquid with a bad odor.
2. You are the doctor.   Tell your patient that his symptoms indicate gonorrhea.   Tell him also that he needs treatment, because gonorrhea and syphilis are very contagious diseases.
3. You are the V.D. investigator.   Tell your patient not to drink any alcohol or to have sexual intercourse until he is completely cured.   Tell him also that he must avoid physical exercises.

CASES

Act out the following situations with a partner.

1. A public health nurse talking to a girl who thinks she has gonorrhea
2. A V.D. investigator telling a patient who has V.D. what he or she must and must not do

VOCABULARY EXPANSION (Optional)

Other words and expressions related to venereal diseases:

La sífilis puede causar ⎰ **daño permanente al corazón**   permanent heart damage
  parálisis   paralysis
  locura   insanity
  muerte   death

Síntomas de la sífilis

Primarios (primary) ⎰ **chancro sifilítico**   chancre
  secreción   secretion

Secundarios (secondary)
  erupciones de la piel   skin rashes
  lesiones en las mucosas   lesions where the skin is moist
  el pelo se cae en mechones   hair falls out in patches
  malestar general   general malaise
  dolor de garganta y de cabeza
  fiebre
  inflamación de los ganglios linfáticos   swelling of the lymph glands

enfermedades trasmitidas a través de contacto sexual   sexually transmitted diseases
no se nota   it is not noticeable
Papanicolau   Pap test
período de incubación   incubation period

Lectura 3

El SIDA (AIDS)

(Adapted from TEL MED, tape #571)

La enfermedad llamada[1] AIDS en inglés, se conoce en español con el nombre de SIDA (Síndrome de Inmuno-Deficiencia Adquirida). Las primeras personas que padecieron de esta enfermedad en los Estados Unidos fueron homosexuales masculinos y drogadictos. Hoy se cree que es un virus el que trasmite la enfermedad.

El contacto físico íntimo (el contacto sexual), las transfusiones de sangre, las agujas[2] que usan los drogadictos para inyectarse las drogas, y probablemente la leche de los senos de la madre, son las formas en que el virus puede propagarse. Este virus destruye[3] las defensas del cuerpo y cuando esto sucede[4] se desarrollan infecciones y cánceres que de otra forma serían destruídos.

La lista de personas que pueden ser infectadas por el SIDA ha aumentado. Este aumento incluye a los hemofílicos que requieren frecuentes transfusiones de sangre, a las prostitutas, a las compañeras sexuales[5] (femeninas) de los homosexuales o bisexuales masculinos, y a los bebés cuyas[6] madres tienen la enfermedad. También ahora el *SIDA* se ha extendido a los heterosexuales; definitivamente la enfermedad ya no es "un problema de los homosexuales."

Los síntomas de esta enfermedad al principio[7] son muy similares a los de la influenza común, y entre ellos están la fiebre, la inflamación de los ganglios, la pérdida[8] de peso sin explicación, diarrea, pérdida del apetito y cansancio[9] por más de un par[10] de días. El período de incubación puede durar[11] de unos pocos meses[12] a dos años o más.

En este momento no existe ninguna vacuna o tratamiento y la mejor manera de evitar la enfermedad es la prevención. Evite tener múltiples compañeros sexuales y no use drogas por vía intravenosa. El uso de condones es altamente recomendado.

CONVERSACIONES

—¿Cómo puede trasmitirse el *SIDA*?
—Por contacto sexual o por transfusiones de sangre.
—¿Quiénes fueron las primeras personas que padecieron de esta enfermedad?
—Los homosexuales y los drogadictos.

—¿Es el *SIDA* una enfermedad exclusiva de los homosexuales?
—No, se ha extendido a los hemofílicos y a los heterosexuales.

—¿Cuáles son algunos de los síntomas del *SIDA*?
—La pérdida de peso, diarrea y cansancio prolongado.
—¿Existe alguna vacuna contra el *SIDA*?
—No, la mejor forma de evitar la enfermedad es la prevención.

---

[1]called [2]needles [3]destroys [4]happens [5]sexual partners [6]whose [7]at the beginning [8]loss [9]fatigue [10]a couple [11]last [12]a few months

HOW MUCH DO YOU REMEMBER?

Answer the following questions:

1. ¿Cómo se llama en español el *AIDS*?
2. ¿Quiénes fueron las primeras personas que tuvieron el *SIDA*?
3. ¿Cómo se cree hoy que se transmite la enfermedad?
4. Señale tres formas que permiten la transmisión del *SIDA*.
5. ¿Qué sucede cuando el virus del *SIDA* destruye las defensas del cuerpo?
6. Además de los homosexuales, ¿qué otras personas pueden ser infectadas por el *SIDA*?
7. Señale algunos de los síntomas del *SIDA*.
8. ¿Cuánto tiempo puede durar el período de incubación de esta enfermedad?
9. ¿Existe cura para el *SIDA*?
10. ¿De qué forma puede evitarse el *SIDA*?

LESSONS 11–15   # VOCABULARY REVIEW

A. **Circle the appropriate expression in order to complete each sentence. Then read the sentence aloud.**

1. No veo las letras claramente. Están (cansadas, borrosas, verdosas).

2. Hoy no. Vamos a hacerle los análisis (ayer, aquí mismo, la próxima vez).

3. Usé una loción para el acné, pero no me (miró nada, dio resultado, dio de alta).

4. Un doctor que opera es un (cirujano, hombre, calmante).

5. El paciente se ve (muy bien, peligroso, siguiente).

6. Tome una (llaga, luz, cucharada) de jarabe para la tos.

7. Si necesita algo, apriete este (botón, moretón, reloj).

8. Cuando me estaba examinando los senos, encontré una (enema, bolita, curita). Estoy muy preocupada.

9. Eche la cabeza hacia atrás y mire el punto que está en (el techo, el pasillo, el vasito).

10. Tengo una (vez, pared, verruga) en el cuello.

11. Voy a darle un baño de (biberón, esponja, tratamiento).

12. ¿Puede ayudarme a (cambiarme, avisarme, empujarme) de ropa?

13. Tiene acné, pero la dieta (es muy importante, no tiene importancia, es difícil) en este caso.

14. No puede irse todavía. Tengo que ver si la radiografía (está enferma, salió bien, es verdosa).

15. Por fin hoy ella fue al (herpes, doctor, acné).

16. El baño está (en la pared, en la esponja, al final del pasillo).

17. Debe (dejar, terminar, extender) el brazo.

18. Aguante (la vasectomía, la respiración, el momento).

19. Esto es (amarillento, tenso, similar) a un enema.

20. Cuando orino me arde mucho (la cara, el colon, la vagina).

B. **Circle the word or phrase that does not belong in each group.**

1. biopsia, mamografía, vasectomía

2. mayor, menor, borroso

3. grasa, quiste, chocolate

4. caca, vena, materia fecal

5. moverse, darse vuelta, tragar

6. a los hombres, a los costados, a los lados

7. muy bueno, muy amable, muy cómodo

8. subir, bajar, ayudar

9. cómo no, no, sí

10. amarillento, grande, verdoso

11. obrar, hacer caca, lastimarse

12. ponerse tenso, calmarse, relajarse

13. tableta, pastilla, líquido

14. desayuno, glaucoma, almuerzo

15. vasectomía, histerectomía, diafragma

16. dar el pecho, dar la medicina, dar de mamar

C. **Complete the following sentences by matching the items in column *A* with those in column *B*. Then read each sentence aloud.**

A	*B*
1. Me sale un ____	a. violentos.
2. Volvió momentos ____	b. de la vena?
3. Ésta es la última ____	c. tiene sífilis.
4. Venga dentro de ____	d. debajo de la lengua.
5. Ellos no están ____	e. tratamiento.
6. El doctor confirma ____	f. en el pene.
7. Evite los ejercicios ____	g. una fricción.
8. No tiene gonorrea, ____	h. investigadora.
9. Tiene una lesión ____	i. líquido verdoso.
10. Todo esto indica ____	j. unos días.
11. Ya estoy completamente ____	k. en la vena.
12. Ella es la ____	l. vez.
13. Necesita ____	m. una enfermedad venérea.
14. Le ponen suero ____	n. el diagnóstico.
15. Le voy a dar ____	o. después.
16. ¿Hay un botón al lado ____	p. el suero?
17. ¿Cuáles son las horas ____	q. curada.
18. ¿Tiene moretones alrededor ____	r. de visita?
19. Póngase el termómetro ____	s. allí.
20. ¿Cuándo me van a quitar ____	t. de la cama?

D. *¿Verdadero o falso?* **Read each statement aloud; then write either *V* or *F* in the space provided.**

1. Primero sale el bebé y después la placenta. ____

2. Cuando la mujer es estrecha, a veces el doctor tiene que sacar al bebé con fórceps. ____

3. Cuando una mujer tiene los dolores de parto, y las contracciones vienen cada cinco minutos, debe ir al hospital. ____

4. Para tomarle el pulso, necesito un termómetro. ____

5. Si una persona tiene una hemorragia, puede necesitar una transfusión de sangre. ____

6. Le van a poner una inyección que la va a dejar entumecida desde los pies para abajo. ____

7. Una operación cesárea es un parto normal. ____

8. Me van a poner una inyección en la nalga. Tengo que subirme la manga. ____

9. Puedo limpiarme los genitales con esta servilleta de papel. ____

10. Voy a llevar a mi hijo al médico porque tiene problemas de salud. ____

11. Tiene cinco años. Nació ayer. ____

12. Necesito la cuña porque quiero defecar. ____

E. Crucigrama.

HORIZONTAL

2. La ____ de los tumores son benignos.

4. *greenish,* en español

7. El ginecólogo la examinó. Ya se le rompió la ____ de agua.

8. *contagious,* en español

12. *chocolate,* en español

15. cirugía

16. *pimple,* en español

19. parte del cuarto de baño

21. No se va. Tiene que ____ .

24. Ella está en la cama. Está ____ .

25. No es una mujer. Es un ____ .

26. Para hacerle la radiografía voy a insertarle este ____ en el recto.

29. *exercise,* en español

31. Relájese. No se ponga ____ .

32. Es enfermera del Departamento de Salud ____ .

33. *cured,* en español

35. Para el acné, puede usar ____ medicinal.

36. *line,* en español

37. Límpiese con esta servilleta de ____ .

40. *mouth,* en español

42. Quítese la ropa y póngase esta ____ .

43. No es a la derecha; es a la ____ .

44. costado

46. *the next day:* al día ____

47. Voy a tomarle el ____ y la temperatura.

48. Ayer el médico ____ varios análisis y radiografías.

49. *napkin,* en español

50. *ready,* en español

52. Estoy muy nervioso. Voy a tomar un ____ .

VERTICAL

1. opuesto de «difícil»

3. Hay peligro. Es ____ .

5. Va a tener un bebé. Está en la sala de ____ .

6. enfermedad venérea

7. mamila

9. El cáncer es un tumor ____ .

10. No está cerca. Está ____ .

11. *neighbor,* en español

13. abdomen

14. niño

17. rasurarse

18. *It is better:* Es ____

20. El ano es parte del ____

22. No le voy a dar biberón. Le voy a dar de ____ .

23. *he suspects,* en español

27. opuesto de «primero»

28. *black-head,* en español

30. *bad odor:* mal ____

32. *wall,* en español

34. *to get close,* en español

35. Tiene sólo diez y siete años. Es muy ____ .

37. *hallway,* en español

38. *thyroid,* en español

39. Para el ____ , el técnico le va a pinchar el dedo.

40. excusado

41. materia fecal

45. *that way,* en español

47. Va a sentirse mejor poco a ____ .

51. Tengo varios anillos, pero están guardados en la ____ de seguridad del hospital.

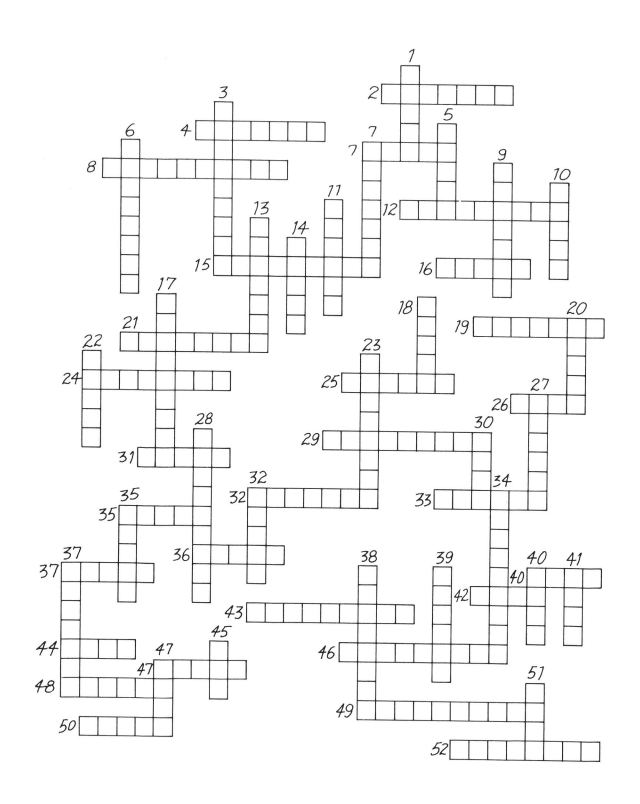

Lesson 16

Problemas de la hipertensión

El señor Castro está en el consultorio del doctor Rivas.   La enfermera le toma la presión, y ve que es altísima.

DOCTOR RIVAS	—Señor Castro, usted tiene la presión muy alta.
SEÑOR CASTRO	—Yo sólo tengo treinta años, doctor. ¿No es ése un problema de los viejos?
DOCTOR RIVAS	—No, puede ocurrir a cualquier edad.
SEÑOR CASTRO	—Mi padre tiene la presión alta también.
DOCTOR RIVAS	—Sí, a veces es hereditaria.
SEÑOR CASTRO	—Pero yo me siento bien. No estoy nervioso, no tengo palpitaciones...
DOCTOR RIVAS	—Bueno, porque el problema está apenas comenzando... Pero es importantísimo tratarlo ahora. Si espera, esto le afectará el corazón.
SEÑOR CASTRO	—¿Podría causarme otros problemas?
DOCTOR RIVAS	—Sí, podría causarle un derrame.
SEÑOR CASTRO	—¡Pero eso me puede dejar paralítico!
DOCTOR RIVAS	—Sí, un derrame puede causar parálisis total o parcial.
SEÑOR CASTRO	—Mi padre ha tenido muchos problemas con los riñones.
DOCTOR RIVAS	—Pues usted podrá evitar todo esto si sigue un tratamiento para controlar la presión.
SEÑOR CASTRO	—Eso es lo que me gustaría hacer, por supuesto.
DOCTOR RIVAS	—Le aconsejo que elimine o por lo menos disminuya la cantidad de sal que usted usa en la comida.
SEÑOR CASTRO	—Será difícil, pero trataré de hacerlo... ¿Qué más me sugiere que haga?
DOCTOR RIVAS	—Quiero que evite el alcohol y el tabaco. También es necesario dormir bien.
SEÑOR CASTRO	—¿Me va a recetar alguna medicina?
DOCTOR RIVAS	—Sí, le voy a dar unas pastillas. Si se siente peor después de tomarlas, disminuya la dosis; tome media pastilla.
SEÑOR CASTRO	—¿Por cuánto tiempo quiere que tome la medicina?
DOCTOR RIVAS	—Probablemente tendrá que tomarla por el resto de su vida.

✳   ✳   ✳

Problems of Hypertension

Mr. Castro is in Dr. Rivas' office.   The nurse takes his blood pressure and sees that it is extremely high.

DR. RIVAS:	Mr. Castro, your blood pressure is very high.
MR. CASTRO:	I'm only thirty years old, doctor. Isn't that a problem for older men?
DR. RIVAS:	No, it can happen at any age.
MR. CASTRO:	My father has high blood pressure also.
DR. RIVAS:	Yes, sometimes it's hereditary.
MR. CASTRO:	But I feel fine. I'm not nervous. I don't have (any) palpitations. . . .
DR. RIVAS:	Well, because the problem is just beginning. . . . But it is very important to treat it now. If you wait, this will affect your heart.

163

MR. CASTRO:	Could it cause me any other problems?
DR. RIVAS:	Yes, it could cause (you) a stroke.
MR. CASTRO:	But that can leave me paralyzed!
DR. RIVAS:	Yes, a stroke can cause total or partial paralysis.
MR. CASTRO:	My father has had many problems with his kidneys.
DR. RIVAS:	Well, you will be able to avoid all this if you get treatment to control your blood pressure.
MR. CASTRO:	That's what I would like to do, of course.
DR. RIVAS:	I advise you to eliminate or at least diminish the amount of salt you use in your food.
MR. CASTRO:	It will be difficult, but I'll try to do it. What else do you suggest I do?
DR. RIVAS:	I want you to avoid alcohol and tobacco. Also, it is necessary to sleep well.
MR. CASTRO:	Are you going to prescribe any medicine for me?
DR. RIVAS:	Yes, I'm going to give you some pills. If you feel worse after taking them, cut down the dosage; take half a pill.
MR. CASTRO:	How long do you want me to take the medicine?
DR. RIVAS:	You will probably have to take it for the rest of your life.

VOCABULARY

COGNATES

afectar to affect	la **parálisis** paralysis
el **alcohol** alcohol	**parcial** partial
la **dosis** dosage	el **resto** rest, remainder
hereditario(a) hereditary	el **tabaco** tobacco
las **palpitaciones** palpitations	**total** total

NOUNS

el **derrame,** la **hemorragia cerebral** stroke
la **sal** salt
la **vida** life
el (la) **viejo(a)** old man, old woman

VERBS

controlar to control
disminuir to cut down, to diminish
eliminar to eliminate
ocurrir to happen
tratar to treat, to try

ADJECTIVES

medio(a) half

nervioso(a) nervous
paralítico(a) paralyzed

OTHER WORDS AND EXPRESSIONS

apenas barely
cualquier, cualquiera any
por el resto de su vida for the rest of your life
por supuesto of course
¿qué más? what else?
tomar la presión (tensión) to take the blood pressure

DIALOGUE RECALL PRACTICE

Study the dialogue you have just read; then complete the sentences below. If you cannot recall some words, reread the dialogue, focusing on the words you missed and learning them within the context of the sentences in which they appear.

DOCTOR RIVAS   —Señor Castro, usted ....

.... muy ....

164

SEÑOR CASTRO —Yo sólo .... treinta .... , doctor. ¿No es

ése un .... de los .... ?

DOCTOR RIVAS —No, puede .... a ....

....

SEÑOR CASTRO —Mi padre tiene la ....

....

DOCTOR RIVAS —Sí, a veces ....

SEÑOR CASTRO —Pero yo .... bien. No estoy

.... , no tengo ....

DOCTOR RIVAS —Bueno, porque el ....

.... comenzando... Pero es ....

.... ahora. Si espera, esto le .... el

....

SEÑOR CASTRO —¿Podría .... otros .... ?

DOCTOR RIVAS —Sí, podría .... un ....

SEÑOR CASTRO —¡Pero eso me ....

.... !

DOCTOR RIVAS —Sí, un derrame puede .... total o

....

SEÑOR CASTRO —Mi padre ha tenido .... con los

....

DOCTOR RIVAS —Pues usted podrá ....

.... si sigue un .... para controlar la

....

SEÑOR CASTRO —Eso es lo que ....

.... , por supuesto.

DOCTOR RIVAS —Le aconsejo que .... o ....

.... menos .... la ....

de sal que usted .... la comida.

SEÑOR CASTRO —Será .... , pero .... de

.... ¿Qué .... me sugiere que

.... ?

DOCTOR RIVAS —Quiero que .... el .... y el

.... También ....

.... dormir ....

SEÑOR CASTRO —¿Me va a .... alguna .... ?

DOCTOR RIVAS —Sí, le voy a .... unas .... Si se

.... después de

.... , disminuya la .... ; tome

....

SEÑOR CASTRO —¿Por .... quiere que

.... la medicina?

DOCTOR RIVAS —Probablemente .... que .... por el

.... de su ....

LET'S PRACTICE!

Rewrite the following sentences, using the cues provided.

Modelo: Quiero *descansar.*   (que tú)
      Quiero que tú *descanses.*

1. Ella quiere disminuir o eliminar la sal de la dieta.   (que yo)

   ....

2. Quiero tomarle la presión.   (que ella)

   ....

3. Deseamos ir al hospital.   (que Uds.)

   ....

4. Quieren tratar de hacerlo hoy.   (que nosotros)

   ....

5. Necesito traer la medicina.   (que Ud.)

   ....

166

LET'S TALK!

Answer the following questions based on the dialogue.

1. ¿Qué problema tiene el señor Castro?

   ....

2. ¿Por qué cree el señor Castro que él no debería tener la presión alta?

   ....

3. ¿A qué edad dice el médico que puede ocurrir ese problema?

   ....

4. ¿Qué dice el doctor Rivas que es importantísimo hacer?

   ....

5. ¿Qué problemas puede causar la presión alta?

   ....

6. ¿Cómo podrá evitar el señor Castro estos problemas?

   ....

7. ¿Qué quiere el doctor Rivas que elimine o disminuya el paciente?

   ....

8. ¿Qué más le sugiere que haga?

   ....

9. ¿Qué debe hacer el señor Castro si se siente peor después de tomar las pastillas?

   ....

10. ¿Por cuánto tiempo tendrá que tomar el señor Castro la medicina?

    ....

Some additional questions:

11. ¿Les toma Ud. la presión a sus pacientes?

    ....

12. ¿Es hereditaria la diabetes?

    ....

13. ¿Puede la presión alta afectar el corazón?

  ....

14. ¿Podría la presión alta causar un derrame?

  ....

15. ¿Podría un derrame causar parálisis parcial o total?

  ....

16. ¿Ha tenido Ud. problemas con los riñones?

  ....

17. ¿Usa Ud. mucha sal en la comida?

  ....

18. ¿Tiene Ud. palpitaciones?

  ....

19. Tengo la presión altísima.   ¿Qué me aconseja Ud. que haga?

  ....

20. ¿Qué le sugiere Ud. a una persona que debe controlar la presión?

  ....

DIALOGUE COMPLETION

Use your imagination and the vocabulary you have learned in this lesson to fill in the missing parts of the following dialogue.

Un paciente que tiene la presión alta:

DOCTOR   —...

PACIENTE   —¿Tengo la presión alta?   ¡Pero yo me siento bien...!

DOCTOR   —...

PACIENTE   —Sí, debe estar apenas comenzando, porque yo no tengo ningún síntoma...

DOCTOR   —...

PACIENTE   —Además de afectar el corazón, ¿qué otros problemas podría causar la presión alta?

DOCTOR   —...

PACIENTE   —¡Un derrame!   ¿A mi edad?

DOCTOR   —...

168

PACIENTE —Pues yo ya he tenido problemas con los riñones...

DOCTOR —..

PACIENTE —Sí, uso mucha sal.

DOCTOR —..

PACIENTE —Puedo disminuir la cantidad, pero no puedo eliminarla completamente de mi dieta.

DOCTOR —..

PACIENTE —Pues yo no tomo ni fumo. ¿Me va a recetar algo?

DOCTOR —..

PACIENTE —¿Por cuánto tiempo tendré que tomar la medicina?

DOCTOR —..

SITUATIONAL EXERCISES

What would you say in the following situations?

1. You are a patient. Tell your doctor that you are very nervous, that you have palpitations, and that you don't sleep very well.
2. You are the doctor. Tell your patient that high blood pressure can happen at any age. Tell him also that it is important to treat it now, because if he waits, it can affect his heart.
3. You are the doctor, and your patient is feeling worse after starting his medication. Tell him to diminish the dosage and to take only half a pill.
4. Tell your patient that a stroke could leave a person paralyzed.

CASES

Act out the following situations with a partner.

1. A doctor telling her patient what she should do to control high blood pressure
2. A doctor telling his patient what to avoid in order to control high blood pressure

Lesson 17

En el consultorio del doctor Gómez, clínico

El doctor Gómez habla con tres de sus pacientes.

Con el señor Nova, que tiene diabetes:

SEÑOR NOVA —He estado sintiendo mucho cansancio y debilidad últimamente, doctor, y me he desmayado dos o tres veces.

DOCTOR GÓMEZ —Por los análisis veo que tiene muy alta el azúcar.

SEÑOR NOVA —¿Entonces tengo diabetes, doctor?

DOCTOR GÓMEZ —Sí, y es importante que Ud. siga fielmente las instrucciones que voy a darle.

SEÑOR NOVA —¿Voy a tener que seguir una dieta especial?

DOCTOR GÓMEZ —Sí, y quiero que pierda peso. Además tiene que inyectarse insulina diariamente.

Con la señora Ordaz, que tiene úlceras:

SEÑORA ORDAZ —Yo creo que tengo una úlcera, doctor. Tengo mucha acidez, y generalmente cuando tengo el estómago vacio me duele. Se me alivia cuando como.

DOCTOR GÓMEZ —¿Toma algun antiácido o leche?

SEÑORA ORDAZ —Sí, tomo un vaso de leche, y el dolor se me pasa. A veces vomito.

DOCTOR GÓMEZ —¿Ha notado alguna vez sangre en el vómito o la materia fecal negra.

SEÑORA ORDAZ —No nunca.

DOCTOR GÓMEZ —Vamos a hacerle una radiografía porque temo que tenga una úlcera.

SEÑORA ORDAZ —¿Puedo comer cualquier cosa?

DOCTOR GÓMEZ —No, evite los alimentos muy condimentados y las bebidas con cafeína. No tome bebidas alcohólicas y no fume.

SEÑORA ORDAZ —¿Va a recetarme alguna medicina?

DOCTOR GÓMEZ —Si, voy a recetarle una medicina que cura las úlceras.

SEÑORA ORDAZ —Un amigo mío toma *Tagamet*. ¿Es bueno?

DOCTOR GÓMEZ —Sí, ése es el nombre comercial de *Cimetidine* que es una de las medicinas usadas para el tratamiento de las úlceras. Voy a recetársela.

Con el señor Rosas, anciano de ochenta y dos años:

SEÑOR ROSAS —Doctor, tengo muchos problemas con las hemorroides. Estoy muy estreñido. ¿Debo tomar un laxante o un purgante?

DOCTOR GÓMEZ —Puede tomar un laxante de vez en cuando, pero no regularmente.

SEÑOR ROSAS —También creo que tengo piedras en la vesícula porque me duele mucho el estómago.

DOCTOR GÓMEZ —Vamos a hacerle una radiografía, pero antes voy a examinarlo. Abra la boca y saque la lengua. Diga "A".

SEÑOR ROSAS —Doctor, no lo oigo bien. Creo que me estoy quedando sordo.

DOCTOR GÓMEZ	—Ud. necesita usar un audífono.
SEÑOR ROSAS	—Está bien. Ojalá que mi hijo me compre uno. Ah, doctor, me duelen mucho las piernas. ¿No podría recetarme algo para las várices?
DOCTOR GÓMEZ	—Compre un par de medias elásticas, y eso lo va a ayudar.

✳   ✳   ✳

At the Office of Doctor Gómez, G.P.

Dr. Gómez talks with three of his patients.

With Mr. Nova, who has diabetes:

MR. NOVA:	I've been feeling a great deal of tiredness and weakness lately, doctor, and I have fainted two or three times.
DR. GÓMEZ	From the tests, I see that your sugar (count) is very high.
MR. NOVA:	Then I have diabetes, doctor?
DR. GÓMEZ	Yes, and it is important that you follow faithfully the instructions I'm going to give you.
MR. NOVA:	Am I going to have to follow a special diet?
DR. GÓMEZ	Yes, and I want you to lose weight. In addition, you have to have insulin shots daily.

With Mrs. Ordaz, who has an ulcer:

MRS. ORDAZ:	I think I have an ulcer, doctor. I have a lot of acidity, and generally when I have an empty stomach it hurts. I get some relief when I eat.
DR. GÓMEZ:	Do you take any antacid medicine or (drink) milk?
MRS. ORDAZ:	Yes, I drink a glass of milk and the pain goes away. Sometimes I throw up.
DR. GÓMEZ:	Have you ever noticed blood in your vomit or black stool?
MRS. ORDAZ:	No, never.
DR. GÓMEZ:	We are going to take an X-ray because I'm afraid that you may have an ulcer.
MRS. ORDAZ:	Can I eat anything?
DR. GÓMEZ:	No, avoid very spicy food and drinks with caffeine. Don't drink alcoholic beverages and don't smoke.
MRS. ORDAZ:	Are you going to prescribe any medicine for me?
DR. GÓMEZ:	Yes, I'm going to prescribe a medicine that cures ulcers.
MRS. ORDAZ:	A friend of mine is taking *Tagamet*. Is it good?
DR. GÓMEZ:	Yes, this is the commercial name of *Cimetidine,* one of the medications used for the treatment of ulcers. I'm going to prescribe it for you.

With Mr. Rosas, an old man, eighty-two years of age:

MR. ROSAS:	Doctor, I have a lot of problems with hemorrhoids. I'm very constipated. Should I take a laxative or a cathartic?
DR. GÓMEZ:	You can take a laxative once in a while, but not regularly.
MR. ROSAS:	I think I have gallstones, because my stomach hurts a lot.
DR. GÓMEZ:	We're going to take an X-ray, but first I'm going to examine you. Open your mouth and stick out your tongue. Say "ah."
MR. ROSAS:	Doctor, I can't hear you well. I think I'm going deaf.
DR. GÓMEZ:	You need a hearing-aid.
MR. ROSAS:	Okay. I hope my son buys me one. Oh, doctor, my legs hurt a great deal. Couldn't you prescribe something for varicose veins?
DR. GÓMEZ:	Buy a pair of support (elastic) stockings, and that will help you.

VOCABULARY

COGNATES

la **cafeína** caffeine
la **cura** cure
elástico(a) elastic
especial special
generalmente generally
la **instrucción** instruction

la **insulina** insulin
el **laxante** laxative
regularmente regularly
la **úlcera** ulcer
el **vómito** vomit

NOUNS

la **acidez** acidity, heartburn
el (la) **anciano(a)** old man, old woman
el **antiácido** antacid medicine
el **audífono** hearing-aid
el, la **azúcar** sugar
el **cansancio** tiredness
el **clínico, internista** general practitioner, internist
la **debilidad** weakness
las **hemorroides, almorranas** hemorrhoids
las **medias** socks, stockings
el **par** pair
la **piedra, el cálculo** stone
el **purgante** purgative, cathartic
las **várices** varicose veins
el **vaso** glass
la **vesícula** gallbladder

VERBS

aliviarse to feel relieved

desmayarse to faint
inyectar(se) to inject (oneself)
notar to notice

ADJECTIVES

condimentado(a) spiced, spicy
sordo(a) deaf

OTHER WORDS AND EXPRESSIONS

alguna vez ever
de vez en cuando once in a while
diariamente daily
el dolor se me pasa the pain goes away
fielmente faithfully
no oigo bien I can't hear well
quedarse sordo(a) to go deaf
sacar la lengua to stick out one's tongue
últimamente lately

DIALOGUE RECALL PRACTICE

Study the dialogue you have just read; then complete the sentences below. If you cannot recall some words, reread the dialogue, focusing on the words you missed and learning them within the context of the sentences in which they appear.

Con el señor Nova, que tiene diabetes:

SEÑOR NOVA —He estado sintiendo .... y

.... , doctor, y me

.... dos o tres veces.

DOCTOR GÓMEZ —Por los análisis veo que ....

....

173

SEÑOR NOVA —¿Entonces .... , doctor?

DOCTOR GÓMEZ —Sí, y es importante que Ud. .... las

.... que voy a ....

SEÑOR NOVA —¿Voy a tener que ....

.... ?

DOCTOR GÓMEZ —Sí, y quiero que .... Además

tiene que ....

....

Con la señora Ordaz, que tiene úlceras:

SEÑORA ORDAZ —Yo creo que ....

.... doctor. Tengo mucha .... , y

generalmente, cuando tengo ....

.... me duele. Se me .... cuando

....

DOCTOR GÓMEZ —¿Toma algún .... o .... ?

SEÑORA ORDAZ —Sí, tomo un vaso de .... , y el dolor se ....

.... A veces ....

DOCTOR GÓMEZ —¿Ha notado .... sangre

.... o la

materia fecal .... ?

SEÑORA ORDAZ —No, nunca.

DOCTOR GÓMEZ —Vamos a ....

.... , porque temo que .... una

....

SEÑORA ORDAZ —¿Puedo .... cosa?

DOCTOR GÓMEZ —No, ... los alimentos muy .... y las

bebidas con .... No tome ....

.... y no ....

174

SEÑORA ORDAZ —¿Va a .... alguna .... ?

DOCTOR GÓMEZ —Sí, voy a .... una medicina que ....

....

SEÑORA ORDAZ —Un amigo mío .... ¿Es ....

.... ?

DOCTOR GÓMEZ —Sí, ése es ....

.... de *Cimetidine* que es una de ....

.... que se usa para el ....

.... Voy a recetársela .

Con el señor Rosas, anciano de ochenta y dos años:

SEÑOR ROSAS —Doctor, tengo .... con las

.... Estoy muy .... ¿Debo tomar

.... o un .... ?

DOCTOR GÓMEZ —Puede ....

de vez .... , pero no

....

SEÑOR ROSAS —También creo que tengo ....

.... porque ....

.... el estómago.

DOCTOR GÓMEZ —Vamos a .... radiografía, pero antes

.... Abra

.... y ....

.... Diga "A".

SEÑOR ROSAS —Doctor, no lo .... bien. Creo que ....

....

DOCTOR GÓMEZ —Ud. necesita ....

....

SEÑOR ROSAS —Está bien. Ojalá que .... me

.... Ah, doctor, me duelen

mucho .... ¿No podría

.... para ....

.... ?

DOCTOR GÓMEZ —Compre ....

.... , y eso lo va a

....

LET'S PRACTICE

Fill in the blanks with the subjunctive, the indicative, or the infinitive of the verbs in parentheses.

1. Temo que ella (tener) .... diabetes.

2. Es mejor que Ud. (seguir) .... una dieta especial.

3. Lamentan no (poder) .... comprarnos un audífono.

4. Siento que Ud. (tener) .... que inyectarse insulina diariamente.

5. Ojalá que ellos no (desmayarse) ....

6. Es lástima que nosotros no (poder) .... comer nada condimentado.

7. Me alegro de no (tener) .... cálculos en la vesícula.

8. Sentimos que Uds. (estar) .... enfermos.

9. No conviene que Ud. (tomar) .... purgante diariamente.

10. Es seguro que ellos (necesitar) .... medias elásticas.

11. Es importante que Ud. (seguir) .... la dieta.

12. Es cierto que ella (tener) .... úlceras.

LET'S TALK!

Answer the following questions based on the dialogue.

1. ¿Qué problemas ha tenido últimamente el señor Nova?

....

2. ¿Qué debe seguir fielmente el señor Nova?

....

3. ¿Qué debe inyectarse diariamente el señor Nova y por qué?

   ....

4. ¿Por qué cree la señora Ordaz que tiene una úlcera?

   ....

5. ¿Cuándo se le pasa el dolor a la señora Ordaz?

   ....

6. ¿Qué teme el doctor que tenga la señora Ordaz?

   ....

7. ¿Qué es necesario que evite comer la señora?

   ....

8. ¿Debe el señor Rosas tomar laxante regularmente?

   ....

9. ¿Por qué cree él que tiene piedras en la vesícula?

   ....

10. ¿Qué debe usar para poder oír mejor?

    ....

11. ¿Qué le recomienda el doctor que use para las várices?

    ....

Some additional questions:

12. ¿Se ha desmayado Ud. alguna vez?

    ....

13. ¿Tiene Ud. azúcar en la sangre?   (¿en la orina?)

    ....

14. ¿Sigue Ud. fielmente las instrucciones de su doctor?

    ....

15. ¿Ha sentido Ud. mucho cansancio últimamente?

    ....

16. ¿Tiene Ud. acidez?

....

17. Tengo mucha acidez.   ¿Qué debo tomar?

....

18. Si Ud. tiene dolor de cabeza, ¿se le pasa el dolor cuando toma aspirinas?

....

19. ¿Cuáles son algunos de los alimentos que Ud. no debe comer?

....

20. ¿Conviene que yo tome purgante regularmente?

....

DIALOGUE COMPLETION

Use your imagination and the vocabulary you have learned in this lesson to fill in the missing parts of the following dialogues.

A.   Con un paciente que tiene diabetes:

DOCTOR   —...

PACIENTE   —Sí, últimamente he sentido mucho cansancio.

DOCTOR   —...

PACIENTE   —¿Una dieta especial?   ¿Es para perder peso?

DOCTOR   —...

B.   Con una paciente que cree tener úlceras:

DOCTOR   —...

PACIENTE   —Sí, tengo mucha acidez y dolor de estómago.

DOCTOR   —...

PACIENTE   —Tomo un antiácido o un vaso de leche, y el dolor se me pasa.

DOCTOR   —...

PACIENTE   —No, nunca vomito.

DOCTOR   —...

PACIENTE   —Sí, ayer noté un poco de sangre en el inodoro.

SITUATIONAL EXERCISES

What would you say in the following situations?

1. You are the patient. Tell your doctor you think you have gallstones, because your left side hurts sometimes.
2. You are the doctor. Tell your patient to stick out his tongue and say "ah."
3. You are the patient. Tell your doctor that you think you are going deaf, and ask him if you need a hearing-aid.
4. You are the doctor. Tell your patient to avoid spicy food, and tell him it is better not to drink alcoholic beverages.

CASES

Act out the following situations with a partner.

1. A doctor and a patient who might be a diabetic
2. A doctor and a patient who has an ulcer

Lesson 18

En la clínica de drogadictos

La coordinadora, la señorita Muñoz, está hablando con Mario Acosta, un muchachito de quince años.

SEÑORITA MUÑOZ	—Dime, ¿cuánto tiempo hace que tomas drogas, Mario?
MARIO	—No sé… unos dos años.
SEÑORITA MUÑOZ	—¿Alguna vez tuviste hepatitis o alguna otra enfermedad del hígado?
MARIO	—No sé…
SEÑORITA MUÑOZ	—¿Cuándo fue la última vez que fuiste al médico?
MARIO	—Hace como cuatro o cinco años.
SEÑORITA MUÑOZ	—¿Tomas bebidas alcohólicas?
MARIO	—Sí, cerveza o vino… a veces, pero no creo que eso me haga daño…
SEÑORITA MUÑOZ	—¿Tomas anfetaminas?
MARIO	—Sí.
SEÑORITA MUÑOZ	—¿Cuándo empezaste a tomar drogas diariamente?
MARIO	—Cuando tenía trece años.
SEÑORITA MUÑOZ	—¿Cuántas veces por día?
MARIO	—Tres veces.
SEÑORITA MUÑOZ	—¿Cuál es la dosis? ¿Cuántos globos compras?
MARIO	—Seis… a veces ocho o nueve…
SEÑORITA MUÑOZ	—Dime, ¿te inyectas la droga en la vena o la fumas?
MARIO	—La fumo… a veces también me la inyecto.
SEÑORITA MUÑOZ	—¿Cuándo fue la última vez que trataste de dejar las drogas?
MARIO	—La semana pasada.
SEÑORITA MUÑOZ	—¿Y cuánto tiempo pudiste estar sin tomar drogas?
MARIO	—Un día y medio… Dudo que pueda aguantar más tiempo. ¿Hay algo que me puedan dar para ayudarme?
SEÑORITA MUÑOZ	—El doctor te va a reconocer ahora. Estoy segura de que aquí podremos ayudarte. Ven conmigo.
MARIO	—No hay nadie que pueda hacer nada por mí.
SEÑORITA MUÑOZ	—No digas eso. Llena esta planilla, y el médico te verá en seguida.

✲   ✲   ✲

At the Drug Abuse Clinic

The coordinator, Miss Muñoz, is speaking with Mario Acosta, a fifteen-year-old boy.

MISS MUÑOZ:	Tell me, how long have you been taking drugs, Mario?
MARIO:	I don't know . . . about two years.
MISS MUÑOZ:	Did you ever have hepatitis or any other liver disease?
MARIO:	I don't know. . . .
MISS MUÑOZ:	When was the last time you went to the doctor?
MARIO:	About four or five years ago.

PLANILLA

Favor de contestar las siguientes preguntas:

1. ¿Está siguiendo tratamiento médico? ....

....

2. ¿Tiene Ud. algunas limitaciones o incapacidades físicas? ....

....

3. ¿Está recibiendo actualmente algún tratamiento por problemas mentales? ....

....

4. ¿Estuvo Ud. alguna vez en algún hospital para enfermos mentales o bajo tratamiento psiquiátrico por

   otros problemas? ....

   ....

5. PARA MUJERES: Fecha de su última visita al ginecólogo. ....

HISTORIA CLÍNICA

	SÍ	NO	Fecha y lugar del tratamiento
Hepatitis			
Ataques			
Epilepsia			
Tuberculosis			
Diabetes			
Úlcera			
Abortos			
Aborto natural			
Problemas alcohólicos			
Abscesos			
Enfermedades venéreas			
Problemas dentales			
Alergia			

Resumen: ....

....

....

....

....

MISS MUÑOZ: Do you drink alcoholic beverages?
MARIO: Yes, beer or wine . . . sometimes, but I don't think that's going to hurt me . . .
MISS MUÑOZ: Do you take amphetamines?
MARIO: Yes.
MISS MUÑOZ: When did you start taking drugs daily?
MARIO: When I was thirteen years old.
MISS MUÑOZ: How many times a day?

PATIENT INFORMATION FORM

Please answer the following questions:

1. Are you undergoing medical treatment? ....

   ....

2. Do you have any physical handicaps? ....

   ....

3. Are you currently undergoing treatment for psychological problems? ....

   ....

4. Have you ever been in a mental hospital or undergone psychiatric treatment for other problems?

   ....

5. For women only: Date of last visit to the gynecologist. ....

CLINICAL HISTORY

	Yes	No	Date and place of treatment
Hepatitis			
Heart Attack			
Epilepsy			
Tuberculosis			
Diabetes			
Ulcer			
Abortion			
Miscarriage			
Alcoholism			
Abscesses			
V.D.			
Dental Problems			
Allergy			

Summary: ....

....

....

....

....

MARIO: Three times a day.
MISS MUÑOZ: What dosage? How many "balloons" do you buy?
MARIO: Six . . . sometimes eight or nine.
MISS MUÑOZ: Tell me, do you inject the drug (in the vein) or do you smoke it?
MARIO: I smoke it . . . sometimes I also inject it.
MISS MUÑOZ: When was the last time you tried to stop using drugs?
MARIO: Last week.

MISS MUÑOZ:	And how long were you able to go without drugs?
MARIO:	A day and a half. . . . I doubt that I can stand it any longer. Is there anything you can give me to help me?
MISS MUÑOZ:	The doctor is going to examine you now. I'm sure we'll be able to help you here. Come with me.
MARIO:	There is no one who can do anything for me.
MISS MUÑOZ:	Don't say that. Fill out this form, and the doctor will see you right away.

VOCABULARY

COGNATES

el **abuso** abuse	el, la **drogadicto(a)** drug addict
las **anfetaminas** amphetamines	la **epilepsia** epilepsy
el, la **coordinador(a)** coordinator	la **hepatitis** hepatitis
dental dental	la **limitación** limitation
la **droga** drug	**mental** mental

NOUNS

el **ataque** seizure
la **cerveza** beer
el **globo** balloon (*drug dosage*)
la **incapacidad** disability
la **muchacha** young girl
la **razón** reason
el **resumen** summary
el **vino** wine

VERBS

aguantar to stand

OTHER WORDS AND EXPRESSIONS

actualmente currently
bajo tratamiento psiquiátrico under psychiatric care
conmigo with me
hacer daño to hurt
la **última vez** the last time
por mí for me, on my behalf

DIALOGUE RECALL PRACTICE

Study the dialogue you have just read; then complete the sentences below. If you cannot recall some words, reread the dialogue, focusing on the words you missed and learning them within the context of the sentences in which they appear.

SEÑORITA MUÑOZ —Dime, ¿cuánto tiempo hace ....

.... Mario?

MARIO —No sé... ....

....

SEÑORITA MUÑOZ —¿Alguna vez .... o alguna otra

.... ?

MARIO —No sé...

SEÑORITA MUÑOZ —¿Cuándo fue ....

.... que ....

.... ?

MARIO —Hace .... o cinco

....

184

SEÑORITA MUÑOZ —¿Tomas .... ?

MARIO —Sí, ... o .... a veces, pero no

.... que eso me ....

....

SEÑORITA MUÑOZ —¿Tomas .... ?

MARIO —Sí.

SEÑORITA MUÑOZ —¿Cuándo empezaste a ....

.... ?

MARIO —Cuando .... trece ....

SEÑORITA MUÑOZ —¿Cuántas ....

.... ?

MARIO —Tres ....

SEÑORITA MUÑOZ —¿Cuál es .... ? ¿Cuántos

.... ?

MARIO —Seis... .... ocho o nueve...

SEÑORITA MUÑOZ —Dime, ¿................................... .... la droga en la

.... o la .... ?

MARIO —La fumo... ....

.... me la ....

SEÑORITA MUÑOZ —¿Cuándo fue ....

.... que trataste de ....

.... ?

MARIO —La semana ....

SEÑORITA MUÑOZ —¿Y .... pudiste estar

.... ?

MARIO —Un día .... Dudo que pueda

.... ¿Hay

algo que ....

.... para .... ?

185

SEÑORITA MUÑOZ —El doctor te va a .... Estoy

segura de que ....

.... Ven ....

MARIO —No hay nadie que ....

.... por mí.

SEÑORITA MUÑOZ —No digas eso. ....

.... , y el médico te verá ....

....

LET'S PRACTICE!

A. **For each sentence, fill in the blanks with the subjunctive or the indicative of the verb in parentheses.**

1. Dudo que ellos (aguantar) .... mucho tiempo sin tomar drogas.

2. Es verdad que él (inyectarse) .... morfina.

3. ¿Hay alguien que (conocer) .... a esta muchacha?

4. Estoy seguro de que ella (ser) .... drogadicta.

5. No creo que ellos (estar) .... bajo tratamiento psiquiátrico.

6. No hay nadie aquí que (usar) .... anfetaminas.

B. **Fill in the blanks with the Spanish equivalent of the words in parentheses. (Use the *tú* form.)**

1. (Speak) .... con la coordinadora.

2. (Come) .... conmigo.

3. No (drink) .... cerveza ni vino.

4. (Go) .... a la clínica de drogadictos.

5. (Fill out) .... la planilla.

6. (Do) .... el resumen.

7. No (smoke) .... marihuana.

8. No (say) .... nada.

LET'S TALK!

Answer the following questions based on the dialogue.

1. ¿Cuánto tiempo hace que Mario toma drogas?

....

2. ¿Ha tenido Mario hepatitis o alguna otra enfermedad del hígado?

    ....

3. ¿Qué bebidas alcohólicas toma Mario?

    ....

4. ¿Cuándo empezó Mario a tomar drogas diariamente?

    ....

5. ¿Cuántos globos compra Mario?

    ....

6. ¿Mario se inyecta la droga en la vena o la fuma?

    ....

7. ¿Cuándo fue la última vez que Mario trató de dejar las drogas?

    ....

8. ¿Cuánto tiempo pudo estar sin tomar drogas?

    ....

9. ¿Hay alguien en la clínica que pueda ayudar a Mario?

    ....

10. ¿Qué debe llenar Mario?

    ....

Some additional questions:

11. ¿Conoce Ud. a alguien que use drogas?

    ....

12. ¿Toma Ud. bebidas alcohólicas?

    ....

13. ¿Es peligroso tomar bebidas alcohólicas y drogas al mismo tiempo?

    ....

14. ¿Qué drogas hacen más daño: las que se fuman o las que se inyectan?

    ....

15. ¿Cree usted que es fácil dejar de usar drogas?

    ....

16. ¿Hay algún programa especial para ayudar a los drogadictos?

....

DIALOGUE COMPLETION

Use your imagination and the vocabulary you have learned in this lesson to fill in the missing parts of the following dialogue.

En la clínica de drogadictos:

COORDINADORA — ....

PACIENTE —Hace unos tres años que tomo drogas.

COORDINADORA — ....

PACIENTE —Sí, tuve hepatitis.

COORDINADORA — ....

PACIENTE —La última vez que fui al médico fue hace dos años.

COORDINADORA — ....

PACIENTE —Empecé a tomar drogas cuando tenía catorce años.

COORDINADORA — ....

PACIENTE —Nunca traté de dejar las drogas.

COORDINADORA — ....

PACIENTE —No creo que nadie pueda ayudarme.

SITUATIONAL EXERCISES

What would you say in the following situations?

1. You are a coordinator. Ask your client how long he has been on drugs. Ask him also when the last time was that he tried to quit taking drugs.
2. You are a drug addict. Tell the doctor that you had hepatitis when you were seventeen years old. Tell him also that you take amphetamines daily.
3. You are a coordinator. Tell your client that you are sure the doctor will be able to help her. Ask her to come with you and fill out the form.

CASES

Act out the following situations with a partner.

1. A coordinator talking to a drug addict and asking pertinent questions
2. A coordinator doing a clinical history of a drug addict

Lesson 19

Consejos útiles

La enfermera visitadora habla con una madre joven.

MADRE —Ah, señorita Ortíz, me alegro de que haya venido hoy porque tengo varias preguntas.

ENFERMERA —Muy bien.

MADRE —Todavía tengo miedo de dejar al bebé solo en la cuna.

ENFERMERA —En la cuna está seguro, si no hay en ella objetos peligrosos como alfileres, monedas, botones, bolsas de plástico, etc.

MADRE —Él sólo tiene su almohadita.

ENFERMERA —No use almohadas; pueden sofocar al niño.

MADRE —El otro día, tomando el biberón, el bebé se atragantó; y no sé por qué...

ENFERMERA —Quizás los agujeros del biberón son demasiado grandes.

MADRE —Voy a revisarlo. Ah, el otro día me asusté mucho porque se tragó un botón. Por suerte la vecina estaba aquí.

ENFERMERA —Si eso pasa otra vez, vírelo con la cabeza hacia abajo y déle varios golpes en la espalda. Si comienza a ponerse azul, llévelo inmediatamente al médico.

MADRE —Cuando comience a gatear y a pararse, voy a tener más problemas.

ENFERMERA —En cuanto empiece a andar por la casa, tiene que tener mucho más cuidado porque el bebé puede envenenarse con muchas de las cosas que hay en la casa, como lejía, tintes, insecticidas, pinturas, detergentes, maquillajes, etc. En este folleto encontrará Ud. otras instrucciones útiles.

Instrucciones

1. El niño no debe estar cerca del horno, de la estufa, de la plancha, de las cerillas (fósforos), de los líquidos calientes ni de los objetos eléctricos.

2. Si el niño se quema, trate la quemadura con hielo o agua helada. Nunca ponga yodo sobre la quemadura. Si ésta es grave, lleve al niño al médico.

3. Ponga enchufes de seguridad sobre los toma-corrientes que no use y tape los que están en uso con muebles.

4. En caso de cortaduras y rasguños, limpie la herida con agua y jabón y cúbrala con un vendaje. Si la herida es profunda, llame al médico. Si sangra mucho, aplique presión sobre la herida y llévelo al médico.

5. No deje al niño al sol por mucho tiempo. Para un niño pequeño dos minutos por día es suficiente.

6. No deje al niño solo en la casa, ni en la bañadera, ni en el coche.

7. Haga vacunar a sus niños antes de que empiecen a ir a la escuela.

8. En su casa y en el carro tenga siempre un botiquín (estuche) de primeros auxilios con lo siguiente:

esparadrapo	mercurocromo
curitas	agua oxigenada
gasa	tintura de yodo
pinza de cejas	antihistamínico
alcohol	ungüento para quemaduras menores

Useful Advice

The visiting nurse speaks with a young mother.

MOTHER: Oh, Miss Ortiz, I'm glad you've come today, because I have several questions.
NURSE: Very well.
MOTHER: I'm still afraid to leave the baby alone in the crib.
NURSE: He's safe in his crib if there aren't (any) dangerous objects like pins, coins, buttons, plastic bags, etc., in there.
MOTHER: He only has his little pillow.
NURSE: Don't use pillows; they can suffocate the child.
MOTHER: The other day, (while) drinking his bottle, the baby choked; and I don't know why. . . .
NURSE: Perhaps the holes in the bottle are too big.
MOTHER: I'm going to check it. Oh, the other day I got very scared because he swallowed a button. Luckily the neighbor was here.
NURSE: If that happens again, turn him upside down and hit him on the back. If he starts turning blue, take him to the doctor immediately.
MOTHER: When he starts crawling and standing up, I'm going to have more problems.
NURSE: As soon as he starts walking around the house, you have to be much more careful because the baby can be poisoned with many things around the house, like bleach, dyes, insecticides, paints, detergents, make-up, etc. In this pamphlet you'll find other useful instructions.

Instructions

1. The child should not be near the oven, the stove, the iron, matches, hot liquids, or electrical appliances.

2. If the child burns himself, treat the burn with ice or ice water. Never put iodine on a burn. If the burn is serious, take the child to the doctor.

3. Put covers on the electrical outlets that are not in use, and cover the ones being used with pieces of furniture.

4. In case of cuts or scratches, clean the wound with water and soap, and cover it with a bandage. If the cut is deep, call the doctor. If it bleeds a lot, apply pressure on the wound and take him (the child) to the doctor.

5. Don't leave the child in the sun for a long time. For a small child, two minutes a day is enough.

6. Don't leave the child alone in the house or in the bathtub or the car.

7. Have your children immunized before they start school.

8. At home and in your car, always have a first-aid kit with the following:

adhesive tape	mercurochrome
bandages	hydrogen peroxide
gauze	iodine
tweezers	antihistamine
alcohol	ointment for minor burns

VOCABULARY

COGNATES

el **detergente**	detergent	el **objeto**	object
inmediatamente	immediately	el **plástico**	plastic
el **insecticida**	insecticide		

NOUNS

el **agujero** hole
el **alfiler** pin
la **bañadera, bañera** bathtub
el **botiquín**, el **estuche de primeros auxilios**
   medicine-chest, first-aid kit
la **cerilla**, el **fósforo** match
el **consejo** advice
la **cortadura** cut
la **cuna** crib
el **enchufe de seguridad** cover, electrical
   outlet protector
la **enfermera visitadora** visiting nurse
la **estufa**, la **cocina** stove
el **folleto** pamphlet
el **horno** oven
la **lejía** bleach
el **maquillaje** make-up
la **moneda** coin
el **mueble** piece of furniture
la **plancha** iron
la **pintura** paint
la **pregunta** question
el **rasguño** scratch
el **sol** sun
el **tinte** dye
el **toma-corrientes** socket, electrical outlet
el **vendaje** bandage

VERBS

asustarse to get scared

atragantarse to choke
dejar to leave (behind)
envenenar(se) to poison (oneself)
gatear to crawl
sofocar to suffocate
tapar to cover
virar to turn over

ADJECTIVES

azul blue
helado(a) ice, iced
profundo(a) deep
seguro safe
solo(a) alone
útil useful

OTHER WORDS AND EXPRESSIONS

andar por la casa to walk around the house
aplicar presión to apply pressure
como like
cosas que hay en la casa things around the
   house
dar golpes to hit
en caso de in case of
hacia abajo down, downward
ponerse azul to turn blue
por suerte luckily
primeros auxilios first aid

DIALOGUE RECALL PRACTICE

Study the dialogue you have just read; then complete the sentences below. If you cannot recall some words, reread the dialogue, focusing on the words you missed and learning them within the context of the sentences in which they appear.

La enfermera visitadora habla con una madre joven.

MADRE   —Ah, señorita Ortíz, me alegro de que ....

.... porque tengo

....

ENFERMERA —Muy bien.

MADRE   —Todavía .... de dejar

.... en la

....

ENFERMERA —En la cuna .... , si no hay en ella

.... como ....

.... , botones, ...

.... , etc.

MADRE —Él sólo tiene ....

ENFERMERA —No use .... ; pueden ....

....

MADRE —El otro día .... ,

el bebé .... ; y no sé

....

ENFERMERA —Quizás los ....

son demasiado ....

MADRE —Voy a revisarlo. Ah, el otro día ....

mucho porque se ....

.... Por suerte ....

....

ENFERMERA —Si eso pasa otra vez, ...

.... hacia abajo y déle

.... en la espalda. Si comienza a

.... , ...

inmediatamente al médico.

MADRE —Cuando comience a .... y a .... , voy a

tener ....

ENFERMERA —En cuanto ....

por la casa, tiene que ....

.... porque el bebé

.... con muchas de las cosas

....

.... , como .... ,

tintes, ... , pinturas, ... ,

.... , etc. En este ....

.... Ud. otras ....

LET'S PRACTICE

A. Rewrite the following sentences according to the new beginning.

1. El niño no se ha envenenado.

    Espero que ....

2. Ellos han dejado al bebé en el sol.

    Temo que ....

3. He cubierto todos los tomacorrientes.

    No creen que yo ....

4. Hemos aplicado presión sobre la herida.

    Dudan que ....

5. Tú has puesto yodo en la quemadura.

    No es verdad que ....

B. You are needed as an interpreter. Translate the following sentences into Spanish.

1. The visiting nurse is going to call me as soon as they arrive.

    ....

2. When the child starts to crawl, I will have more problems.

    ....

3. When she started turning blue I took her to the doctor.

    ....

4. Wait until the visiting nurse comes.

    ....

5. As soon as I wash the wound, I will put a bandage on it.

    ....

LET'S TALK

Answer the following questions based on the dialogue.

1. ¿Por qué se alegra la madre de que haya venido la enfermera visitadora?

   ....

2. ¿De qué tiene miedo la madre todavía?

   ....

3. ¿Qué objetos no debe ella dejar en la cuna del bebé?

   ....

4. ¿Por qué no debe usar almohada el bebé?

   ....

5. ¿Por qué se asustó la madre el otro día?

   ....

6. ¿Qué debe hacer ella si el bebé se atraganta otra vez?

   ....

7. ¿Qué debe hacer si comienza a ponerse azul?

   ....

8. ¿Por qué debe tener más cuidado la madre cuando el bebé comience a andar?

   ....

9. ¿Con qué cosas de la casa puede envenenarse el bebé?

   ....

10. ¿Qué le da la enfermera a la madre?

    ....

11. ¿Qué dice el folleto que es necesario hacer cuando una herida sangra mucho?

    ....

12. ¿Qué debe ponerse sobre los tomacorrientes que no se están usando?

    ....

13. ¿Qué deben hacer los padres antes de que sus hijos empiecen a ir a la escuela?

    ....

Some additional questions:

14. Mi bebé tiene tres meses, ¿cuánto tiempo puedo dejarlo al sol?

    ....

15. Mi hijo se quemó un dedo, ¿debo ponerle yodo en la quemadura?

    ....

16. Mi hija se tragó un botón, ¿qué debo hacer?

    ....

17. Tengo una herida pequeña (un rasguño) en el brazo, ¿qué debo hacer?

    ....

18. ¿Cómo deben ser los agujeros del biberón para darle leche a mi bebé?

    ....

19. ¿Se atragantó Ud. alguna vez?

    ....

20. ¿Tiene Ud. un botiquín de primeros auxilios en su casa? ¿Qué cosas tiene en él?

    ....

DIALOGUE COMPLETION

Use your imagination and the vocabulary you have learned in this lesson to fill in the missing parts of the following dialogue.

Con la enfermera visitadora:

MADRE   —Buenos días, señorita Ramírez. Me alegro de que haya venido hoy.

ENFERMERA — ....

MADRE   —Sí, tengo varias preguntas. La primera es, ¿necesita el bebé una almohadita?

ENFERMERA — ....

MADRE   —¿Es peligroso dejar al bebé solo en la cuna?

ENFERMERA — ....

MADRE   —A veces el bebé se atraganta cuando toma el biberón. ¿Por qué es eso?

ENFERMERA — ....

MADRE	—Voy a revisar bien el biberón. ¡Ah! El otro día mi hijo Antonio se quemó la mano, y no sabía qué ponerle. ¿Qué es bueno para una quemadura?
ENFERMERA	— ....
MADRE	—Creo que el bebé necesita estar en el sol... ¿Cuánto tiempo puedo dejarlo al sol?
ENFERMERA	— ....
MADRE	—Bueno... no tengo más preguntas hoy. Gracias por todo.

SITUATIONAL EXERCISES

What would you say in the following situations?

1. You are a visiting nurse, and a mother tells you her son almost swallowed a coin. Tell her that if it happens, she should turn him upside down and hit him on the back. Tell her also that if he starts turning blue, she should take him to the hospital.
2. You are a visiting nurse. Advise a mother to keep her child away from the oven, the stove, an iron, matches, hot liquids and electrical appliances (objects).
3. You are a mother. Tell the babysitter not to leave your daughter alone in the house, the car or the bathtub.
4. You are a visiting nurse. Tell a mother to have her children immunized before they start school. Tell her also to keep a first-aid kit at home and in the car.

CASES

Act out the following situations with a partner.

1. A visiting nurse talking with a young mother, whose child is beginning to walk, about the dangers around the house
2. A visiting nurse and a mother discussing the do's and don'ts of taking care of a small baby

Lesson 20

En el consultorio del cardiólogo

Con el señor Calles:

El señor Calles tiene algunos problemas que podrían indicar que sufre del corazón, y su médico le dijo que viera al cardiólogo.

DOCTOR —¿Le ha dicho su médico que usted tiene problemas con el corazón?

SEÑOR CALLES —No, pero tengo algunos síntomas que podrían indicar un problema, y mi médico me dijo que viniera a verlo a usted.

DOCTOR —¿Ha tenido alguna vez fiebre reumática o temblores en las extremidades?

SEÑOR CALLES —No, nunca.

DOCTOR —¿Le duele el pecho o siente alguna opresión cuando hace ejercicios?

SEÑOR CALLES —Sí, a veces tengo dolor y me falta el aire... cuando subo una escalera, por ejemplo...

DOCTOR —¿Es un dolor sordo o agudo?

SEÑOR CALLES —Es un dolor agudo.

DOCTOR —¿Le late el corazón muy rápidamente a veces?

SEÑOR CALLES —Sí, cuando corro.

DOCTOR —¿Tiene a veces sudor frío después de un ejercicio violento?

SEÑOR CALLES —No.

DOCTOR —¿Algún pariente cercano suyo ha tenido alguna vez un ataque al corazón antes de los sesenta años?

SEÑOR CALLES —Bueno, un hermano de mi mamá murió de un ataque al corazón a los cincuenta años.

DOCTOR —Ajá... ¿Tiene calambres en las piernas cuando camina varias cuadras?

SEÑOR CALLES —Bueno, si yo caminara, tal vez tendría calambres, pero casi nunca camino.

DOCTOR —¿Le han encontrado el ácido úrico elevado en la sangre alguna vez?

SEÑOR CALLES —No.

DOCTOR —Bueno, antes de comenzar ningún tratamiento, vamos a hacerle un electrocardiograma.

Con el señor Luna:

El cardiólogo habla con el señor Luna sobre el marcapasos que el paciente necesita.

DOCTOR —Le voy a colocar en el pecho, debajo de la piel, una caja pequeña que contiene baterías.

SEÑOR LUNA —¿Eso me va a mejorar?

DOCTOR —Sí, con el marcapasos, su corazón va a latir mejor.

SEÑOR LUNA —¿Voy a estar despierto cuando me lo haga?

DOCTOR —No, va a estar dormido.

SEÑOR LUNA —El otro médico me dijo que le preguntara si podía usar equipo eléctrico cuando me pusieran el marcapasos.

DOCTOR —No use nada eléctrico sin consultarme.

SEÑOR LUNA —¿Qué otras precauciones debo tomar?

DOCTOR	—Si va al dentista, dígale que tiene un marcapasos. Si viaja en avión, dígaselo a la azafata.
SEÑOR LUNA	—¿Cuánto tiempo me va a durar el marcapasos?
DOCTOR	—Le va a durar dos años.

✳   ✳   ✳

At the Cardiologist's Office

With Mr. Calles:

Mr. Calles has some problems that could indicate that he has heart trouble, and his doctor told him to see the cardiologist.

DOCTOR:	Has your doctor told you that you have problems with your heart?
MR. CALLES:	No, but I have some symptoms which could indicate a problem, and my doctor told me to come to see you.
DOCTOR:	Have you ever had rheumatic fever or twitching of the limbs?
MR. CALLES:	No, never.
DOCTOR:	Does your chest hurt, or do you feel any tightness when you exercise?
MR. CALLES:	Yes, sometimes I have pain and shortness of breath . . . when I climb the stairs, for instance. . . .
DOCTOR:	Is it a dull pain or a sharp (one)?
MR. CALLES:	It's a sharp pain.
DOCTOR:	Does your heart beat very fast sometimes?
MR. CALLES:	Yes, when I run.
DOCTOR:	Do you sometimes have (break out in a) cold sweat after strenuous exercise?
MR. CALLES:	No.
DOCTOR:	Has any blood relative of yours ever had a heart attack before (he was) sixty?
MR. CALLES:	Well, a brother of my mother's died of a heart attack at fifty.
DOCTOR:	Aha. . . . Do you get (any) cramps in your legs when you walk several blocks?
MR. CALLES:	Well, if I walked, perhaps I would have cramps, but I hardly ever walk.
DOCTOR:	Have they ever found elevated uric acid in your blood?
MR. CALLES:	No.
DOCTOR:	Okay, before starting any treatment, we are going to do an electrocardiogram.

With Mr. Luna:

The cardiologist talks with Mr. Luna about the pacemaker that the patient needs.

DOCTOR:	I'm going to place in your chest, under the skin, a small box which contains batteries.
MR. LUNA:	Is that going to help me (improve)?
DOCTOR:	Yes, with the pacemaker, your heart is going to beat better.
MR. LUNA:	Am I going to be awake when you put it in me?
DOCTOR:	No, you're going to be asleep.
MR. LUNA:	The other doctor told me to ask you whether I could use electrical equipment when they placed the pacemaker in me.
DOCTOR:	Don't use anything electric without consulting me.
MR. LUNA:	What other precautions must I take?
DOCTOR:	If you go to the dentist, tell him that you have a pacemaker. If you travel by plane, tell the flight attendant.
MR. LUNA:	How long is the pacemaker going to last (me)?
DOCTOR:	It's going to last (you) two years.

VOCABULARY

COGNATES	
la **batería** battery	el **equipo** equipment
consultar to consult	**úrico** uric
el **electrocardiograma** electrocardiogram	**violento(a)** violent

---

NOUNS

el **ataque al corazón**   heart attack
el **avión**   plane
la **azafata**   stewardess, flight attendant
la **caja**   box
el **calambre**   cramp
la **cuadra**   block
las **extremidades**   limbs
el **latido**   heartbeat
el **marcapasos**   pacemaker
la **opresión**   tightness
el, la **pariente**   relative
el **sudor**   sweat
el **temblor**   twitching, tremor

VERBS

colocar   to place
contener (*conj. like* **tener**)   to contain
durar   to last

latir   to beat (heart)
morir (o:ue)   to die
viajar   to travel

ADJECTIVES

agudo(a)   sharp
despierto(a)   awake
dormido(a)   asleep
sordo(a)   dull (pain)

OTHER WORDS AND EXPRESSIONS

casi nunca   hardly ever
faltarle el aire a uno   to have shortness of
   breath
pariente cercano   blood relative
rápidamente   fast, quickly
sufrir del corazón   to have heart trouble
tal vez   perhaps

DIALOGUE RECALL PRACTICE

**Study the dialogue you have just read; then complete the sentences below. If you cannot recall
some words, reread the dialogue, focusing on the words you missed and learning them within the
context of the sentences in which they appear.**

Con el señor Calles:

DOCTOR   —¿Le ha dicho .... que

.... problemas ....

.... ?

SEÑOR CALLES —No, pero tengo .... que podrían

.... un .... , y mi médico me

.... que .... a verlo a usted.

DOCTOR —¿Ha tenido .... fiebre

.... o .... en las .... ?

SEÑOR CALLES —No, ...

DOCTOR —¿Le duele el .... o siente ....

.... cuando .... ?

SEÑOR CALLES —Sí, a veces .... y

....

.... cuando subo una .... ,

....

DOCTOR —¿Es un .... o .... ?

SEÑOR CALLES —Es un ....

DOCTOR —¿Le .... el corazón muy .... a veces?

SEÑOR CALLES —Sí, cuando ....

DOCTOR —¿Tiene a veces .... después de un

.... ?

SEÑOR CALLES —No.

DOCTOR —¿Algún .... suyo ha tenido alguna vez

un .... antes

de los sesenta .... ?

SEÑOR CALLES —Bueno, un hermano de ....

.... de un ....

.... a los cincuenta ....

DOCTOR —Ajá... ¿Tiene .... en las .... cuando

camina .... ?

SEÑOR CALLES —Bueno, si yo .... , tal vez ....

.... , pero ....

camino.

DOCTOR —¿Le han ....

.... en la sangre .... ?

SEÑOR CALLES —No.

DOCTOR —Bueno, antes de ....

.... , vamos a hacerle un ....

Con el señor Luna:

DOCTOR —Le voy a .... en el .... , debajo de la

.... , una .... que

contiene ....

SEÑOR LUNA —¿Eso me .... ?

DOCTOR —Sí, con el .... , su corazón ....

.... mejor.

SEÑOR LUNA —¿Voy a estar .... cuando me lo .... ?

DOCTOR —No, va a ....

SEÑOR LUNA —El otro médico .... que le

.... si podía usar ....

cuando me .... el ....

DOCTOR —No use .... sin consultarme.

SEÑOR LUNA —¿Qué otras .... debo .... ?

DOCTOR —Si va al .... , dígale que .... un

marcapasos. Si viaja en .... , ... a la

....

SEÑOR LUNA —¿Cuánto tiempo me ....

.... el .... ?

DOCTOR   —Le va a ....

GRAMMATICAL STRUCTURE EXERCISE

Change the following sentences from direct to indirect speech.

Modelo: El médico dijo: –**Vaya** al laboratorio.
        *El médico dijo **que fuera** al laboratorio.*

1. El médico dijo: –Coloque el marcapasos.

   ....

2. Ella me dijo: –Corra todas las mañanas.

   ....

3. Mamá me dijo: –No viajes en avión.

   ....

4. El médico me dijo: –Tome precauciones.

   ....

5. La enfermera me dijo: –Consulte al cardiólogo.

   ....

6. Él me dijo: –Hágase un electrocardiograma.

   ....

7. El médico me dijo: –Dígame si el dolor es sordo o agudo.

   ....

8. El técnico me dijo: –Póngase esta bata.

   ....

LET'S TALK!

Answer the following questions based on the dialogue.

1. ¿Por qué le dijo el médico del señor Calles que viera al cardiólogo?

   ....

2. ¿Qué problemas tiene el señor Calles cuando sube la escalera?

   ....

3. ¿El señor Calles siente un dolor agudo o un dolor sordo?

   ....

202

4. ¿El señor tiene a veces sudor frío después de un ejercicio violento?

....

5. ¿De qué murió un tío del señor Calles?

....

6. ¿Por qué dice el señor Calles que no tiene calambres cuando camina?

....

7. ¿Qué va a hacer el doctor antes de comenzar ningún tratamiento?

....

8. ¿Qué le van a colocar al señor Luna en el pecho?

....

9. ¿Cómo va a ayudar el marcapasos al señor Luna?

....

10. ¿Qué le dijo el otro médico que le preguntara al cardiólogo?

....

11. ¿Qué debe hacer el señor Luna antes de usar nada eléctrico?

....

12. ¿Qué otras precauciones debe tomar?

....

Some additional questions:

13. Si usted sufriera del corazón, ¿a qué especialista iría?

....

14. ¿Le dijo a usted su médico que consultara a un especialista?

....

15. ¿Ha tenido alguna vez fiebre reumática?

....

16. ¿Tiene usted temblores en las extremidades?

....

17. ¿Le duele el pecho o siente alguna opresión cuando hace ejercicios?

....

18. ¿Le falta el aire cuando sube una escalera?

   ....

19. ¿Le late el corazón muy rápidamente a veces?

   ....

20. ¿Algún pariente cercano suyo murió de un ataque al corazón?

   ....

21. ¿Tiene calambres en las piernas cuando camina mucho?

   ....

22. ¿Le han encontrado el ácido úrico elevado en la sangre alguna vez?

   ....

23. ¿Le han hecho alguna vez un electrocardiograma?

   ....

24. ¿Qué es un marcapasos?   ¿Para qué sirve?   ¿Cuánto tiempo dura generalmente?

   ....

DIALOGUE COMPLETION

Use your imagination and the vocabulary you have learned in this lesson to fill in the missing parts of the following dialogue.

El cardiólogo y un paciente que necesita un marcapasos:

PACIENTE   —¿Qué me va a colocar en el pecho?

DOCTOR   —...

PACIENTE   —¿El marcapasos me va a ayudar para que mi corazón lata mejor?

DOCTOR   —...

PACIENTE   —¿Voy a estar despierto o dormido cuando me coloquen el marcapasos?

DOCTOR   —...

PACIENTE   —¿Qué precauciones debo tomar?

DOCTOR   —...

   ....

PACIENTE   —¿Puedo usar un equipo eléctrico?

DOCTOR   —...

PACIENTE —¿El marcapasos me va a durar por el resto de mi vida?

DOCTOR —..

What would you say in the following situations?

1. You are a patient. Tell your doctor that you have a sharp pain in your chest and shortness of breath when you exercise. Tell him also that you have tightness in your chest when you climb stairs very rapidly.
2. You are the doctor. Ask your patient if he has ever found elevated uric acid in his blood. Ask him also if he has cramps in his legs when he runs or walks several blocks.
3. You are the doctor. Tell your patient that his electrocardiogram is not normal, and that he needs treatment.

CASES

Act out the following situations with a partner.

1. A cardiologist and a patient who seems to have heart problems
2. A cardiologist and a patient discussing a pacemaker

Lectura 4

Síntomas de un Ataque al Corazón

(Adapted from TEL MED, tape #63)

Un dolor en el pecho, especialmente si baja[1] al brazo izquierdo, puede ser una señal[2] de un ataque al corazón; el paciente que sufre fuertes dolores en el pecho deberá ver a su médico inmediatamente.

El dolor típico causado por problemas relacionados con un ataque al corazón se concentra en el medio[3] del pecho. Se siente una gran opresión, dolor y una punzada.[4] El dolor puede durar desde unos pocos minutos hasta horas y puede aliviarse y volver después. Frecuentemente estos primeros síntomas de un ataque al corazón van acompañados de debilidad, fatiga, sudor, dificultad para respirar, náuseas o indigestión; aunque a veces sólo se presenta el dolor.

Las personas que tienen mayor probabilidad de sufrir un ataque al corazón son las personas que:

1. tienen familiares que han sufrido ataques al corazón antes de los 60 años.
2. fuman un paquete de cigarrillos o más al día.
3. tienen exceso de peso.[5]
4. tienen el colesterol alto.
5. tienen la presión alta.
6. no hacen ejercicios o tienen demasiada tensión emocional.

La mitad de las personas que sufren ataques al corazón no han tenido antes ningún síntoma, pero si una persona siente alguno de los síntomas que hemos señalado[6] antes, debe ver a su médico inmediatamente o llamar a la sala de emergencia del hospital más cercano a su casa y debe seguir exactamente las instrucciones que le den.

Si una persona cree que tiene un ataque al corazón debe mantenerse quieto.[7] Si le falta la respiración[8] se sentirá más cómodo[9] sentado.[10] Tampoco debe comer ni beber nada excepto líquido tomado con algún medicamento.

CONVERSACIONES

—Carlos, tengo un fuerte dolor en el pecho.
—Eso puede indicar un ataque al corazón.
—¿Qué debo hacer?
—Debes ver a tu médico en seguida.

---

[1]goes down [2]warning [3]in the middle [4]a sharp pain [5]are overweight [6]indicated [7]keep still [8]if you can't breathe [9]comfortable [10]sitting

207

—Doctor, mi padre murió de un ataque al corazón.
—Entonces Ud. tiene más probabilidad de sufrir un ataque al corazón.
—¿Qué puedo hacer para evitarlo?
—No fume, haga ejercicios y no aumente de peso.

—Mi esposo fuma más de dos paquetes de cigarrillos al día.
—Esto aumenta la probabilidad de tener cáncer o problemas del corazón.

—Doctor, ¿quiénes tienen más probabilidad de tener problemas del corazón, las personas delgadas o las personas gordas?
—Las personas que tienen exceso de peso tienen más probabilidad.

HOW MUCH DO YOU REMEMBER?

Answer the following questions:

1. ¿De qué puede ser un aviso un dolor en el pecho que baja por el brazo?
2. ¿Qué debe hacer una persona que sufre fuertes dolores en el pecho?
3. ¿Dónde se concentra el dolor causado por un ataque al corazón?
4. ¿Cuáles son otros de los síntomas de un ataque al corazón?
5. ¿Cuánto puede durar el dolor?
6. ¿De qué van acompañados muchas veces los primeros síntomas de un ataque al corazón?
7. Si Ud. fuma un paquete de cigarrillos o más al día y si tiene exceso de peso, ¿tiene más o menos probabilidad de sufrir un ataque al corazón?
8. ¿Qué otras cosas pueden hacer más probable un ataque al corazón?
9. ¿Qué debe hacer una persona que siente uno de los síntomas de un ataque al corazón?
10. ¿Es importante mantenerse en reposo?
11. ¿Cómo se sentirá más cómodo el paciente si tiene dificultad para respirar?
12. ¿Qué cosas debe evitar?

LESSONS 16–20   VOCABULARY REVIEW

A. **Circle the appropriate expression in order to complete each sentence. Then read the sentence aloud.**

   1. Le encontraron ácido úrico en la (sangre, nariz, frente).
   2. Si sufre del corazón, debe consultar al (dermatólogo, cardiólogo, urólogo).
   3. Si tiene la presión muy alta, tal vez sería una buena idea (tratar, eliminar, ocurrir) la sal.
   4. Tiene temblores en las (extremidades, cerillas, cuadras).
   5. A veces tengo un (refresco, latido, sudor) frío después de hacer ejercicios violentos.
   6. Es el hermano de mi padre. Es un pariente (agudo, sordo, cercano).
   7. Cuando corro mucho, siento una opresión (en el anillo, en la encía, en el pecho).
   8. El médico le preguntó si era un dolor sordo o (despierto, dormido, agudo).
   9. Un (derrame, clínico, consejo) puede causar parálisis total o parcial.
  10. Debe seguir (generalmente, lentamente, fielmente) las instrucciones del médico.
  11. ¿Está (bajo, sobre, contra) tratamiento psiquiátrico?
  12. Tengo alcohol, mercuro cromo, y agua oxigenada en (el estuche de primeros auxilios, la bañadera, la bolsa de agua).
  13. La enfermera visitadora contesta las (estufas, preguntas, monedas) de la señora Vera.
  14. El bebé (estudia, trabaja, gatea).
  15. Mi mamá sacó el pan del (toma corrientes, horno, enchufe de seguridad).
  16. Ponga al bebé en (la lejía, la plancha, la cuna).
  17. Aquí le dejo estos (folletos, maquillajes, muebles) que puede leer, y que tienen muchos consejos útiles.
  18. Tiene ojos (amarillentos, azules, calientes).
  19. Si el bebé se atraganta, déle golpes en (la espalda, los pies, la nariz).
  20. El bebé puede (bañarse, limpiarse, envenenarse) con muchas cosas que hay en la casa, como pinturas o tintes, por ejemplo.
  21. La hepatitis afecta (la cabeza, el corazón, el hígado).
  22. Cuando como, se me alivia el (agujero, dolor, sudor).
  23. Me dijo que no tomara bebidas con (agua, cafeína, cunas).
  24. Voy a hacerle una radiografía porque creo que tiene (úlceras, quemaduras, mamaderas).
  25. Debe evitar el alcohol y el tabaco para (controlar, comprar, vender) la presión.

B. **Circle the word or phrase that does not belong in each group.**

   1. en caso de, si, por suerte
   2. se sofoca, se va, se pone azul
   3. primeros auxilios, botiquín, resumen
   4. problemas del hígado, orzuelo, hepatitis
   5. tapar, notar, cubrir
   6. caliente, helado, muy frío

7. laxante, vómito, purgante

8. tres veces por semana, regularmente, casi nunca

9. cualquiera, por supuesto, sí

10. drogadicto, abuso, especial

11. rasguño, cocina, cortadura

12. curita, vendaje, plancha

13. esparadrapo, pinza de cejas, gasa

14. antihistamínico, alergia, ungüento para quemaduras menores

15. **estufa, vendas, cocina**

16. detergente, lejía, insecticida

17. inmediatamente, más tarde, en seguida

18. tener miedo, asustarse, ayudar

19. está paralizado, anda por la casa, no puede caminar

20. tiene palpitaciones, tiene problemas con el corazón, tiene la cabeza hacia abajo

C. **Complete the following sentences by matching the items in column** *A* **with those in column** *B*.
Then read each sentence aloud.

A	*B*
1. ¿Cuánto tiempo hace ____	a. conmigo?
2. ¿Cuántos globos ____	b. natural?
3. ¿Puedes aguantar un mes ____	c. problema físico?
4. ¿Quieres venir ____	d. esa muchacha?
5. ¿Tiene limitaciones o ____	e. coordinador
6. ¿Tiene algún ____	f. sin tomar anfetaminas?
7. ¿Fue un aborto ____	g. actualmente?
8. ¿Cuándo fue la ____	h. de epilepsia?
9. ¿Conoce usted a ____	i. la razón?
10. ¿Tuvo otro ataque ____	j. que tomas drogas?
11. ¿Habló usted con el ____	k. desmayó?
12. ¿Podrán hacer algo ____	l. última vez?
13. ¿Está tomando drogas ____	m. incapacidades físicas?
14. ¿Cuál es ____	n. por mí?
15. ¿Se ____	o. compras?
16. ¿Siente ____	p. presión?
17. ¿Debo aplicar ____	q. debilidad?
18. ¿Qué ____	r. más?
19. ¿Murió de un ____	s. daño?
20. ¿Eso puede hacerme ____	t. derrame?

E. Crucigrama.

HORIZONTAL

1. No hay nadie con él. Está ____ .
2. No viene a menudo. Viene de vez en ____ .
8. hemorroides
9. Cuatro tabletas es mucho. Debe disminuir la ____ .
10. Es diabético. Tiene ____ en la sangre.
14. Un pariente mío murió de un ____ al corazón.
15. Su corazón va a latir mejor con el ____ .
18. *to turn over,* en español
19. El cardiólogo me va a hacer un ____ .
23. Estoy muy cansado. Tengo mucho ____ .
24. Si viaja por ____ , dígale a la azafata que tiene un marcapasos.

25. piedra
28. Ponga al bebé en la ____ .
29. Tengo cálculos en la ____ .
32. todos los días
37. *pin,* en español
38. Saque la ____ y diga «a».
39. ¿Le hicieron el examen ____ para el cáncer, señora?
41. *lately,* en español
42. Va a tener que tomar esta medicina por el ____ de su vida.
43. cerillas
44. Le voy a ____ la presión.
45. *safe,* en español

VERTICAL

1. *sun,* en español
2. *beer,* en español
3. mujer muy vieja
4. Estoy estreñido. Voy a tomar un ____ .
5. Tiene que inyectarse ____ porque es diabético.
6. Si tiene várices, cómprese un par de medias ____ .
7. Nunca use tintura de ____ en una quemadura.
8. Tengo mucha ____ en el estómago. Necesito un antiácido.
11. *cramp,* en español
12. El marcapasos es una caja pequeña que contiene una ____ .
13. El marcapasos ____ dos años.
16. *box,* en español.
17. hondo
18. *wine,* en español
19. *equipment,* en español

20. Cuando corro, el corazón me late muy ____ .
21. poner
22. usualmente
24. Cuando subo las escaleras, me falta el ____ .
26. Su padre y su abuelo murieron de cáncer. Él dice que el cáncer es ____ .
27. *half,* en español
30. Si tiene una úlcera, debe evitar las comidas muy ____ .
31. Cuando tomo aspirinas se me ____ el dolor.
33. No oigo bien. Necesito un ____ . Creo que me estoy quedando sordo.
34. *drug addict,* en español
35. Cuando baña al bebé, no lo deje solo en la ____ .
36. Si está muy ____ , tome un calmante.
40. *barely,* en español

Appendixes

Appendix A

Introduction to Spanish Sounds (Recorded on Cassette)

🖭 Each Spanish sound will be explained briefly and examples will be given for practice. Repeat each Spanish word after the speaker, imitating as closely as possible the correct pronunciation.

THE VOWELS

1. The Spanish **a** has a sound similar to the English *a* in the word *father*. Repeat:

   Ana   casa   banana   mala   dama   mata

2. The Spanish **e** is pronounced like the English *e* in the word *eight*. Repeat:

   este   René   teme   deme   entre   bebe

3. The Spanish **i** is pronounced like the English *ee* in the word *see*. Repeat:

   sí   difícil   Mimí   ir   dividir   Fifí

4. The Spanish **o** is similar to the English *o* in the word *no*, but without the glide. Repeat:

   solo   poco   como   toco   con   monólogo

5. The Spanish **u** is similar to the English *ue* sound in the word *Sue*. Repeat:

   Lulú   un   su   universo   murciélago

THE CONSONANTS

1. The Spanish **p** is pronounced like the English *p* in the word *spot*. Repeat:

   pan   papá   Pepe   pila   poco   pude

2. The Spanish **c** in front of **a, o, u, l,** or **r** sounds similar to the English *k*. Repeat:

   casa   como   cuna   clima   crimen   cromo

3. The Spanish **q** is only used in the combinations **que** and **qui** in which the **u** is silent, and also has a sound similar to the English *k*. Repeat:

   que   queso   Quique   quinto   quema   quiso

4. The Spanish **t** is pronounced like the English *t* in the word *stop*. Repeat:

   toma   mata   tela   tipo   atún   Tito

5. The Spanish **d,** at the beginning of an utterance or after **n** or **l,** sounds somewhat similar to the English *d* in the word *David*. Repeat:

día   dedo   duelo   anda   Aldo

In all other positions, the **d** has a sound similar to the English *th* in the word *they*. Repeat:

medida   todo   nada   Ana dice   Eva duda

6. The Spanish **g** also has two sounds. At the beginning of an utterance and in all other positions, except before **e** or **i,** the Spanish **g** sounds similar to the English *g* in the word *sugar*. Repeat:

goma   gato   tengo   lago   algo   aguja

In the combinations **gue** and **gui,** the **u** is silent. Repeat.

Águeda   guineo   guiso   ligue   la guía

7. The Spanish **j,** and **g** before **e** or **i,** sounds similar to the English *h* in the word *home*. Repeat:

jamás   juego   jota   Julio   gente   Genaro   gime

8. The Spanish **b** and the **v** have no difference in sound. Both are pronounced alike. At the beginning of the utterance or after **m** or **n,** they sound similar to the English *b* in the word *obey*. Repeat:

Beto   vaga   bote   vela   también   un vaso

Between vowels, they are pronounced with the lips barely closed. Repeat:

sábado   yo voy   sabe   Ávalos   Eso vale

9. In most Spanish-speaking countries, the **y** and the **ll** are similar to the English *y* in the word *yet*. Repeat:

yo   llama   yema   lleno   ya   lluvia   llega

10. The Spanish **r** (**ere**) is pronounced like the English *tt* in the word *gutter*. Repeat:

cara   pero   arena   carie   Laredo   Aruba

The Spanish **r** in an initial position and after **l, n,** or **s,** and **rr** (**erre**) in the middle of a word are pronounced with a strong trill. Repeat:

Rita   Rosa   torre   ruina   Enrique   Israel
perro   parra   rubio   alrededor   derrama

11. The Spanish **s** sound is represented in most of the Spanish-speaking world by the letters **s, z,** and **c** before **e** or **i.** The sound is very similar to the English sibilant *s* in the word *sink*. Repeat:

sale   sitio   solo   seda   suelo
zapato   cerveza   ciudad   cena

In most of Spain, the **z,** and **c** before **e** or **i,** is pronounced like the English *th* in the word *think*. Repeat:

zarzuela   cielo   docena

12. The letter **h** is silent in Spanish. Repeat:

hilo   Hugo   ahora   Hilda   almohada   hermano

13. The Spanish **ch** is pronounced like the English *ch* in the word *chief*. Repeat:

muchacho   chico   coche   chueco   chaparro

14. The Spanish **f** is identical in sound to the English *f*. Repeat:

famoso   feo   difícil   fuego   foto

15. The Spanish **l** is pronounced like the English *l* in the word *lean*. Repeat:

dolor   ángel   fácil   sueldo   salgo   chaval

16. The Spanish **m** is pronounced like the English *m* in the word *mother*. Repeat:

mamá   moda   multa   médico   mima

17. In most cases, the Spanish **n** has a sound similar to the English *n*. Repeat:

nada   norte   nunca   entra   nene

The sound of the Spanish **n** is often affected by the sounds that occur around it. When it appears before **b, v,** or **p,** it is pronounced like the English *m*. Repeat:

invierno   tan bueno   un vaso   un bebé   un perro

18. The Spanish **ñ (eñe)** has a sound similar to the English *ny* in the word *canyon*. Repeat:

muñeca   leña   año   señorita   piña   señor

19. The Spanish **x** has two pronunciations, depending on its position. Between vowels, the sound is similar to the English *ks*. Repeat:

examen   boxeo   éxito   exigente

Before a consonant, the Spanish **x** sounds like the English *s*. Repeat:

expreso   excusa   extraño   exquisito

LINKING

In spoken Spanish, the various words in a phrase or sentence are not pronounced as isolated elements, but are combined. This is called *linking*.

1. The final consonant of a word is pronounced together with the initial vowel of the following word. Repeat:

Carlos anda   un ángel   el otoño   unos estudiantes

2. The final vowel of a word is pronounced together with the initial vowel of the following word. Repeat:

su esposo   la hermana   ardua empresa   la invita

3. When the final vowel of a word and the initial vowel of the following word are identical, they are pronounced slightly longer than one vowel. Repeat:

Ana alcanza   me espera   mi hijo   lo olvida

The same rule applies when two identical vowels appear within a word. Repeat:

cooperación   crees   leemos   coordinación

4. When the final consonant of a word and the initial consonant of the following word are the same, they are pronounced as one consonant with slightly longer-than-normal duration. Repeat:

el lado   un novio   Carlos salta   tienes sed   al leer

Appendix B

Spanish Pronunciation

THE ALPHABET

Letter	Name	Letter	Name	Letter	Name	Letter	Name
a	a	g	ge	m	eme	rr	erre
b	be	h	hache	n	ene	s	ese
c	ce	i	i	ñ	eñe	t	te
ch	che	j	jota	o	o	u	u
d	de	k	ka	p	pe	v	ve
e	e	l	ele	q	cu	w	doble ve
f	efe	ll	elle	r	ere	x	equis
						y	y griega
						z	zeta

VOWELS

There are five distinct vowels in Spanish: **a, e, i, o,** and **u.** Each vowel has only one basic, constant sound. The pronunciation of each vowel is constant, clear, and brief. The length of the sound is practically the same whether it is produced in a stressed or unstressed syllable.[1]

While producing the sounds of the English stressed vowels that most closely resemble the Spanish ones, the speaker changes the position of the tongue, lips, and lower jaw, so that the vowel actually starts as one sound and then *glides* into another. In Spanish, however, the tongue, lips, and jaw keep a constant position during the production of the sound.

> **English:** banana **Spanish:** banana

The stress falls on the same vowel and syllable in both Spanish and English, but the English stressed *a* is longer than the Spanish stressed **a.**

> **English:** banana **Spanish:** banana

Note also that the English stressed *a* has a sound different from the other *a*'s in the word, while the Spanish **a** sound remains constant.

a in Spanish sounds similar to the English *a* in the word *father*.

alta	casa	palma	Ana
cama	Panamá	alma	apagar

---

[1] In a stressed syllable, the prominence of the vowel is indicated by its loudness.

e is pronounced like the English *e* in the word *eight*.

mes	entre	este	deje
ese	encender	teme	prender

i has a sound similar to the English *ee* in the word *see*.

| fin | ir | sí | sin | dividir | Trini | difícil |

o is similar to the English *o* in the word *no,* but without the glide.

toco	como	poco	roto
corto	corro	solo	loco

u is pronounced like the English *oo* sound in the word *shoot,* or the *ue* sound in the word *Sue*.

su	Lulú	Úrsula	cultura
un	luna	sucursal	Uruguay

Diphthongs and Triphthongs

When unstressed **i** or **u** falls next to another vowel in a syllable, it unites with that vowel to form what is called a *diphthong*. Both vowels are pronounced as one syllable. Their sounds do not change; they are only pronounced more rapidly and with a glide. For example:

traiga	Lidia	treinta	siete	oigo	adiós
Aurora	agua	bueno	antiguo	ciudad	Luis

A *triphthong* is the union of three vowels: a stressed vowel between two unstressed ones (**i** or **u**) in the same syllable. For example: Para**guay**, estud**iéis**.

NOTE: Stressed **i** and **u** do not form diphthongs with other vowels, except in the combinations **iu** and **ui**. For example: **rí**-o, sa-**bí**-ais.

In syllabication, diphthongs and triphthongs are considered a single vowel; their components cannot be separated.

CONSONANTS

p Spanish **p** is pronounced in a manner similar to the English *p* sound, but without the puff of air that follows after the English sound is produced.

pesca	pude	puedo	parte	papá
postre	piña	puente	Paco	

k The Spanish **k** sound, represented by the letters **k, c** before **a, o, u** or a consonant, and **qu,** is similar to the English *k* sound, but without the puff of air.

casa	comer	cuna	clima	acción	que
quinto	queso	aunque	kiosko	kilómetro	

t Spanish **t** is produced by touching the back of the upper front teeth with the tip of the tongue. It has no puff of air as in the English *t*.

todo	antes	corto	Guatemala	diente
resto	tonto	roto	tanque	

d The Spanish consonant **d** has two different sounds depending on its position. At the beginning of an utterance and after **n** or **l**, the tip of the tongue presses the back of the upper front teeth.

día	doma	dice	dolor	dar
anda	Aldo	caldo	el deseo	un domicilio

In all other positions the sound of **d** is similar to the *th* sound in the English word *they*, but softer.

medida	todo	nada	nadie	medio
puedo	moda	queda	nudo	

g The Spanish consonant **g** is similar to the English *g* sound in the word *guy* except before **e** or **i**.

goma	glotón	gallo	gloria	lago	alga
gorrión	garra	guerra	angustia	algo	Dagoberto

j The Spanish sound **j** (or **g** before **e** and **i**) is similar to a strongly exaggerated English *h* sound.

gemir	juez	jarro	gitano	agente
juego	giro	bajo	gente	

b, v There is no difference in sound between Spanish **b** and **v**. Both letters are pronounced alike. At the beginning of an utterance or after **m** or **n**, **b** and **v** have a sound identical to the English *b* sound in the word *boy*.

vivir	beber	vamos	barco	enviar
hambre	batea	bueno	vestido	

When pronounced between vowels, the Spanish **b** and **v** sound is produced by bringing the lips together but not closing them, so that some air may pass through.

sábado	autobús	yo voy	su barco

y, ll In most countries, Spanish **ll** and **y** have a sound similar to the English sound in the word *yes*.

el llavero	trayecto	su yunta	milla
oye	el yeso	mayo	yema
un yelmo	trayectoria	llama	bella

NOTE: When it stands alone or is at the end of a word, Spanish **y** is pronounced like the vowel **i**.

rey	hoy	y	doy	buey
muy	voy	estoy	soy	

r The sound of Spanish **r** is similar to the English *dd* sound in the word *ladder*.

crema	aroma	cara	arena	aro
harina	toro	oro	eres	portero

rr Spanish **rr** and also **r** in an initial position and after **n, l,** or **s** are pronounced with a very strong trill. This trill is produced by bringing the tip of the tongue near the alveolar ridge and letting it vibrate freely while the air passes through the mouth.

rama	carro	Israel	cierra	roto
perro	alrededor	rizo	corre	Enrique

s   Spanish **s** is represented in most of the Spanish world by the letters **s, z,** and **c** before **e** or **i.** The sound is very similar to the English sibilant *s* in the word *sink.*

sale	sitio	presidente	signo
salsa	seda	suma	vaso
sobrino	ciudad	cima	canción
zapato	zarza	cerveza	centro

h   The letter **h** is silent in Spanish.

hoy	hora	hilo	ahora
humor	huevo	horror	almohada

ch   Spanish **ch** is pronounced like the English *ch* in the word *chief.*

hecho	chico	coche	Chile
mucho	muchacho	salchicha	

f   Spanish **f** is identical in sound to the English *f.*

difícil	feo	fuego	forma
fácil	fecha	foto	fueron

l   Spanish **l** is similar to the English *l* in the word *let.*

dolor	lata	ángel	lago	sueldo
los	pelo	lana	general	fácil

m   Spanish **m** is pronounced like the English *m* in the word *mother.*

mano	moda	mucho	muy
mismo	tampoco	multa	cómoda

n   In most cases, Spanish **n** has a sound similar to the English *n.*

nada	nunca	ninguno	norte
entra	tiene	sienta	

The sound of Spanish **n** is often affected by the sounds that occur around it. When it appears before **b, v,** or **p,** it is pronounced like an **m.**

tan bueno	toman vino	sin poder
un pobre	comen peras	siguen bebiendo

ñ   Spanish **ñ** is similar to the English *ny* sound in the word *canyon.*

señor	otoño	ñoño	uña
leña	dueño	niños	años

x   Spanish **x** has two pronunciations depending on its position. Between vowels the sound is similar to English *ks.*

examen	exacto	boxeo	éxito
oxidar	oxígeno	existencia	

When it occurs before a consonant, Spanish **x** sounds like *s.*

expresión	explicar	extraer	excusa
expreso	exquisito	extremo	

NOTE: When **x** appears in México or in other words of Mexican origin, it is pronounced like the Spanish letter **j.**

RHYTHM

Rhythm is the variation of sound intensity that we usually associate with music. Spanish and English each regulate these variations in speech differently, because they have different patterns of syllable length. In Spanish the length of the stressed and unstressed syllables remains almost the same, while in English stressed syllables are considerably longer than unstressed ones. Pronounce the following Spanish words, enunciating each syllable clearly.

es-tu-dian-te	bue-no	Úr-su-la
com-po-si-ción	di-fí-cil	ki-ló-me-tro
po-li-cí-a	Pa-ra-guay	

Because the length of the Spanish syllables remains constant, the greater the number of syllables in a given word or phrase, the longer the phrase will be.

LINKING

In spoken Spanish, the different words in a phrase or a sentence are not pronounced as isolated elements but are combined together. This is called *linking*.

Pepe come pan.	Pe-pe-co-me-pan
Tomás toma leche.	To-más-to-ma-le-che
Luis tiene la llave.	Luis-tie-ne-la-lla-ve
La mano de Roberto.	La-ma-no-de-Ro-ber-to

1. The final consonant of a word is pronounced together with the initial vowel of the following word.

Carlos anda	Car-lo-san-da
un ángel	u-nán-gel
el otoño	e-lo-to-ño
unos estudios interesantes	u-no-ses-tu-dio-sin-te-re-san-tes

2. A diphthong is formed between the final vowel of a word and the initial vowel of the following word. A triphthong is formed when there is a combination of three vowels (see rules for the formation of diphthongs and triphthongs on page 219).

su hermana	suher-ma-na
tu escopeta	tues-co-pe-ta
Roberto y Luis	Ro-ber-toy-Luis
negocio importante	ne-go-cioim-por-tan-te
lluvia y nieve	llu-viay-nie-ve
ardua empresa	ar-duaem-pre-sa

3. When the final vowel of a word and the initial vowel of the following word are identical, they are pronounced slightly longer than one vowel.

A-n*a*l-can-za	Ana alcanza	tie-n*e*-so	tiene eso
l*o*l-vi-do	lo olvido	Ad*a*-tien-de	Ada atiende

The same rule applies when two identical vowels appear within a word.

cr*e*s	crees
T*e*-rán	Teherán
c*o*r-di-na-ción	coordinación

4. When the final consonant of a word and the initial consonant of the following word are the same, they are pronounced as one consonant with slightly longer than normal duration.

e-*l*a-do	el lado	tie-ne-*s*ed	tienes sed
Car-lo-*s*al-ta	Carlos salta		

INTONATION

Intonation is the rise and fall of pitch in the delivery of a phrase or a sentence. In general, Spanish pitch tends to change less than English, giving the impression that the language is less emphatic.

As a rule, the intonation for normal statements in Spanish starts in a low tone, raises to a higher one on the first stressed syllable, maintains that tone until the last stressed syllable, and then goes back to the initial low tone, with still another drop at the very end.

Tu amigo viene mañana.   José come pan.

Ada está en casa.   Carlos toma café.

SYLLABLE FORMATION IN SPANISH

General rules for dividing words into syllables:

Vowels

1. A vowel or a vowel combination can constitute a syllable.

    a-lum-no   a-bue-la   Eu-ro-pa

2. Diphthongs and triphthongs are considered single vowels and cannot be divided.

    bai-le   puen-te   Dia-na   es-tu-diáis   an-ti-guo

3. Two strong vowels (**a, e, o**) do not form a diphthong and are separated into two syllables.

    em-ple-ar   vol-te-ar   lo-a

4. A written accent on a weak vowel (**i** or **u**) breaks the diphthong, thus the vowels are separated into two syllables.

    trí-o   dú-o   Ma-rí-a

Consonants

1. A single consonant forms a syllable with the vowel that follows it.

    po-der   ma-no   mi-nu-to

    NOTE: **ch, ll,** and **rr** are considered single consonants: **a-ma-ri-llo, co-che, pe-rro.**

2. When two consonants appear between two vowels, they are separated into two syllables.

    al-fa-be-to   cam-pe-ón   me-ter-se   mo-les-tia

    EXCEPTION: When a consonant cluster composed of **b, c, d, f, g, p,** or **t** with **l** or **r** appears between two vowels, the cluster joins the following vowel: **so-bre, o-tros, ca-ble, te-lé-gra-fo.**

3. When three consonants appear between two vowels, only the last one goes with the following vowel.

       ins-pec-tor   trans-por-te   trans-for-mar

EXCEPTION: When there is a cluster of three consonants in the combinations described in rule 2, the first consonant joins the preceding vowel and the cluster joins the following vowel: **es-cri-bir, ex-tran-je-ro, im-plo-rar, es-tre-cho.**

ACCENTUATION

In Spanish, all words are stressed according to specific rules. Words that do not follow the rules must have a written accent to indicate the change of stress. The basic rules for accentuation are as follows.

1. Words ending in a vowel, **n,** or **s** are stressed on the next-to-the last syllable.

hi-jo	**ca**-lle	**me**-sa	fa-**mo**-sos
flo-**re**-cen	**pla**-ya	**ve**-ces	

2. Words ending in a consonant, except **n** or **s,** are stressed on the last syllable.

      ma-**yor**   a-**mor**   tro-pi-**cal**   na-**riz**   re-**loj**   co-rre-**dor**

3. All words that do not follow these rules must have the written accent.

ca-**fé**	**lá**-piz	**mú**-si-ca	sa-**lón**
án-gel	**lí**-qui-do	fran-**cés**	**Víc**-tor
sim-**pá**-ti-co	rin-**cón**	a-**zú**-car	**dár**-se-lo
sa-**lió**	**dé**-bil	e-**xá**-me-nes	**dí**-me-lo

4. Pronouns and adverbs of interrogation and exclamation have a written accent to distinguish them from relative pronouns.

¿**Qué** comes?	*What are you eating?*
La pera que él no comió.	*The pear that he did not eat.*
¿**Quién** está ahí?	*Who is there?*
El hombre a quien tú llamaste.	*The man whom you called.*
¿**Dónde** está?	*Where is he?*
En el lugar donde trabaja.	*At the place where he works.*

5. Words that have the same spelling but different meanings take a written accent to differentiate one from the other.

el	*the*	él	*he, him*	te	*you*	té	*tea*
mi	*my*	mí	*me*	si	*if*	sí	*yes*
tu	*your*	tú	*you*	mas	*but*	más	*more*

Appendix C

Answer Key to the *Crucigramas*

Lessons 1–5 *Horizontal:* 6. viene, 8. siempre, 9. fecal, 11. delgado, 12. tos, 15. costra, 16. catarro, 21. postre, 24. pediatras, 26. aspirina, 28. días, 30. consultorio, 32. regresa, 33. náusea, 35. reconocer, 38. asmático, 41. toma, 43. radiografía, 44. leche, 45. hora, 46. nalgas, 48. malparto, 49. libras. *Vertical:* 1. bebidas, 2. piel, 3. bebé, 4. naranja, 5. farmacia, 7. doctor, 10. esposo, 13. sopa, 14. dentadura, 17. tuberculosis, 18. también, 19. muestra, 20. tostada, 22. sarpullido, 23. necesario, 25. estómago, 27. arrojar, 29. contacto, 31. inflamado, 34. enfermedad, 36. resfriado, 37. pobrecita, 39. aceite, 40. contra, 42. fruta, 47. limpia

Lessons 6–10 *Horizontal:* 3. demasiado, 5. escupir, 6. dieta, 8. adelgazar, 9. difícil, 13. picado, 17. diabético, 18. negativo, 20. papá, 23. pronto, 24. anticonceptiva, 25. casados, 27. repollo, 30. solamente, 31. huevo, 33. carne, 34. dental, 36. dientes, 39. siente, 43. envenenamiento, 44. cosa, 46. equis, 47. inyección, 48. enyesar, 50. ingresar. *Vertical:* 1. muela, 2. árbol, 4. mitad, 7. resultado, 8. alimento, 10. correcto, 11. planificación, 12. dentista, 14. constantemente, 15. novocaína, 16. mamá, 19. queso, 20. peso, 21. fuera, 22. lavar, 23. prepara, 25. caliente, 26. tomate, 28. suficiente, 29. carie, 32. pan, 35. llevan, 37. desinfecta, 38. muletas, 40. puntos, 41. frasco, 42. toronja, 45. además, 49. normal.

Lessons 11–15 *Horizontal:* 2. mayoría, 4. verdoso, 7. bolsa, 8. contagioso, 12. chocolate, 15. operación, 16. grano, 19. inodoro, 21. quedarse, 24. acostada, 25. hombre, 26. tubo, 29. ejercicio, 31. tenso, 32. pública, 33. curado, 35. jabón, 36. línea, 37. papel, 40. boca, 42. bata, 43. izquierda, 44. lado, 46. siguiente, 47. pulso, 48. ordenó, 49. servilleta, 50. listo, 52. calmante. *Vertical:* 1. fácil, 3. peligroso, 5. parto, 6. gonorrea, 7. biberón, 9. maligno, 10. lejos, 11. vecino, 13. vientre, 14. varón, 17. afeitarse, 18. mejor, 20. recto, 22. mamar, 23. sospecha, 27. último, 28. espinilla, 30. olor, 32. pared, 34. acercarse, 35. joven, 37. pasillo, 38. tiroides, 39. conteo, 40. baño, 41. caca, 45. así, 47. poco, 51. caja.

Lessons 16–20 *Horizontal:* 1. solo, 2. cuando, 8. almorranas, 9. dosis, 10. azúcar, 14. ataque, 15. marcapasos, 18. virar, 19. electrocardiograma, 23. cansancio, 24. avión, 25. cálculo, 28. cuna, 29. vesícula, 32. diariamente, 37. alfiler, 38. lengua, 39. vaginal, 41. últimamente, 42. resto, 43. fósforos, 44. tomar, 45. seguro. *Vertical:* 1. sol, 2. cerveza, 3. anciana, 4. laxante, 5. insulina, 6. elásticas, 7. yodo, 8. acidez, 11. calambre, 12. batería, 13. dura, 16. caja, 17. profundo, 18. vino, 19. equipo, 20. rápidamente, 21. colocar, 22. generalmente, 24. aire, 26. hereditario, 27. medio, 30. condimentadas, 31. pasa, 33. audífono, 34. drogadicto, 35. bañadera, 36. nervioso, 40. apenas.

Vocabulary

A

a la derecha   to the right
a la izquierda   to the left
a menudo   often
a veces   sometimes
abdomen (*m.*)   abdomen
aborto (*m.*)   abortion
aborto (*m.*) **natural**   miscarriage
abrigo (*m.*)   coat
abrir   to open
absceso (*m.*)   abscess
abuela   grandmother
abuelo   grandfather
abultamiento (*m.*)   lump
abuso (*m.*)   abuse
acatarrado(a)   with a cold
accidente (*m.*)   accident
aceite (*m.*)   oil
acercarse   to get close
acidez (*f.*)   acidity
ácido (*m.*)   acid
acné (*m.*)   acne
aconsejar   to advise
acostado(a)   lying down
acostar(se) (o>ue)   to put to
   bed, to go to bed
actualmente   currently, at the
   present time
adelgazar   to lose weight
además   besides
adentro   inside
admisión (*f.*)   admission
afectar   affect
afeitar(se)   to shave
afuera   outside
agotado(a)   exhausted
agua (*f.*)   water
aguantar   to hold, to stand, to
   bear, to endure
agudo(a)   sharp

aguja (*f.*)   needle
agujero (*m.*)   hole
ahora   now
ahora mismo   right now
aire (*m.*)   air
ajá   aha
al día   a day
al lado de   at the side of
al rato   a while later
alcohol (*m.*)   alcohol
alergia (*f.*)   allergy
alérgico(a)   allergic
alfiler (*m.*)   pin
algo   anything, something
alguna vez   ever
algunas veces   sometimes
alguno(a)   any
algunos(as)   some
aliento (*m.*)   breath
alimento (*m.*)   food
aliviar   to relieve, to alleviate
almohada (*f.*)   pillow
almorranas (*f.*)   hemorrhoids
almorzar (o>ue)   to have lunch
almuerzo (*m.*)   lunch
alrededor de   around
alto(a)   high, tall
allí   there
amable   kind
amarillento(a)   yellowish
amarrar   to tie
amígdalas (*f.*)   tonsils
amigdalitis (*f.*)   tonsilitis
ampolla (*f.*)   blister
amputar   to amputate
análisis (*m.*)   test
anciana   old woman
anciano   old man
andar   to walk
anemia (*f.*)   anemia
anémico(a)   anemic

anestesia (*f.*)   anesthesia
anfetaminas (*f.*)   amphetamines
anillo (*m.*)   ring
anoche   last night
anteojos (*m.*)   glasses
antes (de)   before, first
antiácido (*m.*)   antacid medicine
antibiótico (*m.*)   antibiotic
anticonceptivo(a)   for birth
   control
antihistamina (*f.*)
   antihistamine
año (*m.*)   year
aparato intrauterino (*m.*)
   I.U.D.
apellido (*m.*)   surname
apenas   barely
apendicitis (*f.*)   appendicitis
apetito (*m.*)   apetite
apretar (e>ie)   to press, to
   squeeze
aquí   here
aquí mismo   right here
árbol (*m.*)   tree
arder   to burn
ardor (*m.*)   burning
arrojar   to throw up, to vomit
arroz (*m.*)   rice
arteria (*f.*)   artery
artificial   artificial
artritis (*f.*)   arthritis
ascensor (*m.*)   elevator
asentaderas (*f.*)   buttocks
así   like this, so
asmático(a)   asthmatic
aspirina (*f.*)   aspirin
astigmatismo (*m.*)   astigmatism
asustarse   to get scared
ataque (*m.*)   seisure, attack
ataque al corazón (*m.*)   heart
   attack

atragantarse to choke
audífono (*m.*) hearing-aid
aumentar to increase
auto (*m.*) auto, automobile
autorización (*f.*) authorization
aventado(a) bloated
avión (*m.*) plane
avisar to let (someone) know
aviso (*m.*) warning
ayer yesterday
ayudar to help
azafata stewardess, flight attendant
azúcar (*m., f.*) sugar
azul blue

B

bajar to go down
bajo(a) low, short
balanceado(a) balanced
banco de sangre (*m.*) blood bank
bañadera (*f.*) bathtub
bañar(se) to bathe
bañera (*f.*) bathtub
baño (*m.*) bathroom
barbilla (*f.*) chin
barriga (*f.*) abdomen
bata (*f.*) robe
batería (*f.*) battery
básico(a) basic
bazo (*m.*) spleen
bebé (*m.*) baby
beber to drink
bebida alcohólica (*f.*) alcoholic beverage
benigno(a) benign
biberón (*m.*) baby bottle
biftec (*m.*) steak
biopsia (*f.*) biopsy
blanco(a) white
blando(a) bland (ref. to diets), soft
bizco(a) cross-eyed
blusa (*f.*) blouse
boca abajo on one's stomach
boca arriba on one's back
bocio (*m.*) goiter
bolita (*f.*) little ball, lump
bolsa (*f.*) pack, bag
bolsa de agua (*f.*) water bag
borroso(a) blurry
botella (*f.*) bottle
botiquín (*m.*) medicine chest
botón (*m.*) button
brazo (*m.*) arm
bronquitis (*f.*) bronchitis

bucal oral (ref. to the mouth)
bueno(a) well, good

C

cabello (*m.*) hair
cabeza (*f.*) head
caca (*colloquial*) (*f.*) excrement, stool
cada every, each
cada vez each time
cadáver (*m.*) cadaver, corpse
cadera (*f.*) hip
caer(se) to fall
café (*m.*) coffee
cafeína (*f.*) caffeine
caja (*f.*) box
caja de seguridad (*f.*) safe
cajero(a) cashier
cajetilla (*f.*) pack of cigarettes
calambre (*m.*) cramp
calcio (*m.*) calcium
cálculo (*m.*) stone
caldo (*m.*) broth
caliente hot
calmante (*m.*) tranquilizer
calmar(se) to calm down
caloría (*f.*) calorie
calle (*f.*) street
cama (*f.*) bed
cambiar(se) to change (oneself)
cambio (*m.*) change
camilla (*f.*) stretcher
caminar to walk
camisa (*f.*) shirt
campanilla (*f.*) uvula, epiglottis
canal en la raíz (*m.*) root canal
cáncer (*m.*) cancer
canino (*m.*) canine
cansado(a) tired
cansancio (*m.*) tiredness, fatigue
cantidad (*f.*) quantity
cápsula (*f.*) capsule
cara (*f.*) face
caramelo (*m.*) candy
carbohidrato (*m.*) carbohydrate
cardiología (*f.*) cardiology
cardiólogo(a) cardiologist
carie (*f.*) cavity
carne (*f.*) meat
carro (*m.*) car, auto, automobile
casa (*f.*) house
casado(a) married
casi almost

caso (*m.*) case
cataratas (*f.*) cataracts
catarro (*m.*) cold
causar to cause
ceja (*f.*) eyebrow
cenar to have supper, to dine
centro (*m.*) center
cepillar(se) to brush (oneself)
cepillo de dientes (*m.*) toothbrush
cerca (de) near, close
cercano(a) near, blood (*ref. to relative*)
cereal (*m.*) cereal
cerebro (*m.*) cerebrum
cerillo(a) (*m., f.*) match
cerrado(a) closed
cerrar (e>ie) to close
cerveza (*f.*) beer
cérvix (*f.*) cervix
cesárea (*f.*) cesarean
ciego(a) blind
cinc (*m.*) zinc
cintura (*f.*) waist
circulación (*f.*) circulation
cirugía (*f.*) surgery
cirujano (*m.*) surgeon
claramente clearly
clínica (*f.*) clinic
clínico (*m.*) general practitioner
cobija (*f.*) blanket
cocido(a) cooked
cocina (*f.*) stove, kitchen
coche (*m.*) car, auto, automobile
codo (*m.*) elbow
cólico (*m.*) colic
colitis (*f.*) colitis
colocar to place
colon (*m.*) colon
columna vertebral backbone, spine
comadrona (*f.*) midwife
comenzar (e>ie) to begin, to start
comer to eat
comezón (*f.*) itching
comida (*f.*) meal
como since, like
cómo how
cómo no sure, certainly
cómodo(a) comfortable
compañero(a) sexual sexual partner
compañía (*f.*) company
compañía de seguros (*f.*) insurance company

completamente completely
comprar to buy
comprender to understand
con with
concebir (e>i) to conceive
condimentado(a) spiced, spicy
condón (*m.*) condom
confirmar to confirm
conjuntivitis (*f.*) conjunctivitis
conmigo with me
conocer to know
consejo (*m.*) advice
consentimiento (*m.*) consent
constantemente constantly
consultar to consult
consultorio (*m.*) doctor's office
contagioso(a) contagious
contar (o>ue) to count, to tell
contener (*conj. like* **tener**) to contain
conteo (*m.*) blood count
contra against
contracción (*f.*) contraction
contraceptivo (*m.*) contraceptive
control (*m.*) control
controlar to control
convulsiones (*f.*) convulsions
coordinador(a) (*m., f.*) coordinator
corazón (*m.*) heart
cordón umbilical (*m.*) umbilical cord
corona (*f.*) crown
correcto(a) correct
correr to run
cortadura (*f.*) cut
cortar(se) to cut (oneself)
cortina (*f.*) curtain
corto(a) de vista near-sighted
cosa (*f.*) thing
cosmético (*m.*) cosmetic
costado (*m.*) side
costilla (*f.*) rib
costra (*f.*) scab
cráneo (*m.*) skull
creer to believe, to think
crema (*f.*) cream
crup (*m.*) croup
cuadra (*f.*) block
cuál what, which
cualquier(a) any
cuándo when
cuánto how much
cuánto tiempo how long
cuántos(as) how many
cuarto (*m.*) room

cuate (*m., f. Mex.*) twin
cubrir to cover
cucharada (*f.*) spoonful
cucharadita (*f.*) teaspoonful
cuello (*m.*) neck
cuenta (*f.*) bill
cuero cabelludo (*m.*) scalp
cuidado (*m.*) care
cuna (*f.*) crib
cuña (*f.*) bedpan
cura (*f.*) cure
curado(a) cured
curita (*f.*) band-aid
cutis (*m.*) skin (ref. to face)
cuyo(a) whose

CH

chancro (*m.*) chancre
chaqueta (*f.*) jacket
chata (*f.*) bedpan
chequear to check
chequeo (*m.*) check-up
chocar to run into, to collide
chocolate (*m.*) chocolate

D

daltonismo (*m.*) color blindness
daño (*m.*) damage
dar to give
dar a luz to give birth
dar de alta to release (ref. to a hospital)
dar de mamar to nurse
dar el pecho to nurse
dar resultado to work, to produce
darse vuelta to turn over
de nuevo again
de prisa in a hurry
debajo de under
deber must, should
débil weak
debilidad (*f.*) weakness
decidir to decide
decir (e>i) to say, to tell
dedo (*m.*) finger
dedo del pie (*m.*) toe
defecar to have a bowel movement
dejar to leave (behind)
delgado(a) thin
demasiado too much
dentadura postiza (*f.*) dentures
dental dental
dentista (*m., f.*) dentist

dentro de in, within
departamento (*m.*) department
derecho(a) right
dermatólogo dermatologist
derrame (*m.*) stroke
desayuno (*m.*) breakfast
descansar to rest
desde from
desear to want, to wish
desinfectar to disinfect
desmayarse to faint
despertar(se) (e>ie) to wake up
desprendimiento (*m.*) detachment
después de after
destruir to destroy
desvestir(se) (e>i) to get undressed
detergente (*m.*) detergent
determinar to determine
día (*m.*) day
diabético(a) diabetic
diafragma (*m.*) diaphragm
diagnóstico (*m.*) diagnosis
diariamente daily
diarrea (*f.*) diarrhea
diente (*m.*) tooth
dientes de leche (*m.*) baby teeth
dieta (*f.*) diet
dietista (*m., f.*) dietician
difícil difficult
dificultad (*f.*) difficulty
difteria (*f.*) diphtheria
digerir (e>ie) to digest
dinero (*m.*) money
dirección (*f.*) address
disminuir to cut down, to diminish
distinto(a) different
doblar to bend
doctor(a) doctor
dólar (*m.*) dollar
doler (o>ue) to hurt, to ache
dolor (*m.*) pain
dolores de parto (*m.*) labor pains
doloroso(a) painful
domicilio (*m.*) address
dónde where
dormido(a) asleep
dormir (o>ue) to sleep
dosis (*f.*) dosage
droga (*f.*) drug
drogadicto(a) drug addict
dudar to doubt
dulce (*m.*) sweet, candy
durar to last

durazno (*m.*) peach
duro(a) hard

E

eczema (*f.*) eczema
edad (*f.*) age
edificio (*m.*) building
efectivo(a) effective
ejercicio (*m.*) exercise
elástico(a) elastic
eléctrico(a) electric, electrical
electrocardiograma (*m.*) electrocardiogram
elevador (*m.*) elevator
eliminar to eliminate
embarazada pregnant
embarazo (*m.*) pregnancy
emergencia (*f.*) emergency
empastar to fill (a tooth)
empeorar to get worse
empezar (**e>ie**) to begin, to start
empujar to push
en ayunas fasting, unfed
en caso de in case
en seguida right away
encía (*f.*) gum
encontrar (**o>ue**) to find
endurecimiento (*m.*) hardening
enema (*f.*) enema
enfermedad (*f.*) sickness
enfermería (*f.*) nursing department
enfermero(a) (*m., f.*) nurse
enfermero(a) visitador(a) visiting nurse
enfermo(a) ill, sick
enfisema (*m.*) emphysema
enjuagar(se) to rinse out
ensalada (*f.*) salad
enseñar to teach, to show
entender (**e>ie**) to understand
entonces then
entrada (*f.*) opening, entry
entrar to enter, to go (come) in
entre between
entumecido(a) numb
envenenamiento (*m.*) poisoning
envenenar(se) to poison (oneself)
enyesar to put a cast on
epilepsia (*f.*) epilepsy
equipo (*m.*) equipment
eructar to burp
erupción (*f.*) rash
escalera (*f.*) stairs
escalofríos (*m.*) chills

escribir to write
escupir to spit
eso that
espacio (*m.*) room, space
espalda (*f.*) back
esparadrapo (*m.*) adhesive bandage
especial special
especialmente especially
espejuelos (*m.*) glasses
esperar to wait
espinilla (*f.*) black-head
esponja (*f.*) sponge
esposa wife
espuma (*f.*) foam
esputo (*m.*) sputum
esquina (*f.*) corner
esta noche tonight
esterilidad (*f.*) sterility
esterilizar to sterilize
esternón (*m.*) sternum
estómago (*m.*) stomach
estrecho(a) narrow
estreñido(a) constipated
estricto(a) strict
estufa (*f.*) stove
evitar to avoid
examen (*m.*) examination
examen general (*m.*) check-up
examinar to examine
exceso de peso overweight
excremento (*m.*) excrement
excusado (*m.*) bathroom
expectorar to expectorate
extender (**e>ie**) to stretch
extraer to extract
extremidades (*f.*) limbs
eyacular to ejaculate

F

fácil easy
familia (*f.*) family
farmacia (*f.*) pharmacy
fatiga (*f.*) fatigue
favor (*m.*) favor
fecha (*f.*) date
fértil fertile
feto (*m.*) fetus
fibra (*f.*) fiber
fiebre (*f.*) fever
fiebre escarlatina (*f.*) scarlet fever
fiebre del heno (*f.*) hay fever
fiebre reumática (*f.*) rheumatic fever
fielmente faithfully

final (*m.*) end
firma (*f.*) signature
firmar to sign
físico(a) physical
flema (*f.*) phlegm
fluoroscopía fluroscopy
folleto (*m.*) pamphlet
fórceps (*m.*) forceps
forma (*f.*) way
fórmula (*f.*) formula
fósforo (*m.*) match
fractura (*f.*) fracture
fracturar(se) to break
frasco (*m.*) bottle
frazada (*f.*) blanket
frente (*f.*) forehead
fricción (*f.*) rub, rubbing
frío(a) cold
frito(a) fried
fruta (*f.*) fruit
fumar to smoke

G

galletica dulce (*f.*) cookie
gánglio linfático (*m.*) lymph gland
garganta (*f.*) throat
gas (*m.*) gas
gasa (*f.*) gauze
gastritis (*f.*) gastritis
gatear to crawl
gelatina (*f.*) gelatin
gemelos(as) twins
general general
generalmente generally
ginecólogo (*m.*) gynecologist
glándulas (*f.*) glands
glaucoma (*f.*) glaucoma
globo (*m.*) balloon (*ref. to drug dosage*)
golpear(se) to hit (oneself)
gonorrea (*f.*) gonorrhea
gordo(a) fat
gota (*f.*) drop
gotero (*m.*) eye dropper
gracias thanks
grado (*m.*) degree
grande big, large
grano (*m.*) pimple
grasa (*f.*) fat, grease
grasiento(a) oily
grave serious
grupo (*m.*) group
guardado(a) put away
guardar to keep, to put away

H

habitación (*f.*) room
hacer caca to have a bowel movement
hacer(se) daño to hurt (oneself)
hacer ejercicios to exercise
hacer gárgaras to gargle
hacia abajo downward, upside down
hacia adelante forward
hacia atrás backwards
hamburguesa (*f.*) hamburger
hasta until, till
helado(a) ice, iced
hemorragia (*f.*) hemorrhage
hemorroides (*f.*) hemorrhoids
hepatitis (*f.*) hepatitis
hereditario(a) hereditary
herida (*f.*) wound, injury
herido(a) injured person
hermana sister
hermano brother
herpes (*m.*) herpes
hidropesía (*f.*) dropsy
hielo (*m.*) ice
hierro (*m.*) iron
hígado (*m.*) liver
hija daughter
hijo son
hilo dental (*m.*) dental floss
hinchado(a) swollen
hipertensión (*f.*) hypertension
hirviendo boiling
histerectomía (*f.*) hysterectomy
hoja clínica (*f.*) medical history
hombre man
hombro (*m.*) shoulder
hondo(a) deep
hongos (*m.*) fungi
hora (*f.*) hour
horno (*m.*) oven
hospital (*m.*) hospital
hoy today
hueso (*m.*) bone
huevo (*m.*) egg

I

importante important
impotencia (*f.*) impotence
incapacidad (*f.*) disability
incisivo (*m.*) cutting tooth
incubación (*f.*) incubation
incubadora (*f.*) incubator
indicar to indicate
infección (*f.*) infection

infeccioso(a) infectious
inflamación (*f.*) inflamation
inflamado(a) swollen
información (*f.*) information
informe (*m.*) report
ingle (*f.*) groin
inmediatamente immediately
inodoro (*m.*) toilet
insecticida (*m.*) insecticide
inseminación (*f.*) insemination
insertar to insert
insolación (*f.*) sunstroke
insomnio (*m.*) insomnia
insoportable unbearable
instrucción (*f.*) instruction
insulina (*f.*) insulin
internar to be admitted (ref. to a hospital)
intestinal intestinal
intestinos (*m.*) guts, intestines
intoxicación (*f.*) intoxication
investigador(a) investigator
inyección (*f.*) injection
inyectar(se) to inject (oneself)
ir to go
irritación (*f.*) irritation
irritado(a) irritated
irse to leave, to go away
izquierdo(a) left

J

jabón (*m.*) soap
jalea (*f.*) jelly
jarabe (*m.*) syrup
jimaguas (*m., f.*) (*Cuba*) twins
joven young
juanete (*m.*) bunion
jugo (*m.*) juice
jugo de naranja (*m.*) orange juice

L

labios (*m.*) lips
laboratorio (*m.*) laboratory
lado (*m.*) side
lastimar(se) to hurt (oneself)
latido (*m.*) heartbeat
latir to beat (heart)
lavar(se) to wash (oneself)
laxante (*m.*) laxative
leche (*f.*) milk
leche descremada (*f.*) skimmed milk
lejía (*f.*) bleach
lejos far

lengua (*f.*) tongue
lentamente slowly
lentes de contacto (*m.*) contact lenses
lesión (*f.*) lesion
letra (*f.*) letter, handwriting
leucemia (*f.*) leukemia
levantar(se) to lift, to raise, to get up
libra (*f.*) pound
ligadura (*f.*) tourniquet
ligar to tie
ligero(a) light
limitación (*f.*) limitation
limpiar(se) to clean (oneself)
limpieza (*f.*) cleaning
línea (*f.*) line
linimento (*m.*) liniment
líquido (*m.*) liquid
lista (*f.*) list
listo(a) ready
local local
loción (*m.*) lotion
locura (*f.*) insanity
lubricar to lubricate
lunar (*m.*) mole
luz (*f.*) light

LL

llaga (*f.*) sore
llamar to call
llegar to arrive
llenar to fill out
llevar to take, to carry

M

madre mother
mal badly
malaria (*f.*) malaria
malestar (*m.*) discomfort, malaise
maligno(a) malignant
malo(a) bad
malparto (*m.*) miscarriage
mamá mom
mamila (*f.*) baby bottle
mamografía (*f.*) mammogram
marca de nacimiento birthmark
mandíbula (*f.*) jaw
manga (*f.*) sleeve
mano (*f.*) hand
mantener to keep
mantequilla (*f.*) butter
manzana (*f.*) apple

mañana tomorrow
mañana (*f.*) morning
maquillaje (*m.*) make-up
marcapasos (*m.*) pacemaker
mareo (*m.*) dizziness
más more, most, else
masaje (*m.*) massage
masticar to chew
matar to kill
materia fecal (*f.*) stool, feces
matriz (*f.*) womb
mayor major, older, oldest, bigger
mayoría (*f.*) majority
medias (*f.*) socks, hose, stockings
medianoche (*f.*) midnight
medicina (*f.*) medicine
medicinal medicated
médico(a) (*adj.*) medical
médico(a) (*m., f.*) M.D.
medio(a) half
medir (e>i) to measure, to be . . . tall
mejilla (*f.*) check
mejor better, best
mejorar to improve
mellizos(as) (*m., f.*) twins
meningitis (*f.*) meningitis
menor minor, younger, smaller
menos less, least, fewer
menstruación (*f.*) menstruation
mental mental
mercuro cromo (*m.*) mercurochrome
mes (*m.*) month
mesa (*f.*) table
melocotón (*m.*) peach
método (*m.*) method
miel (*f.*) honey
mineral (*m.*) mineral
miope near-sighted
miopía (*f.*) near-sightedness
mirar to look at
mitad (*f.*) half
moderado(a) moderate
molestia (*f.*) trouble, pain
momento (*f.*) moment
moneda (*f.*) coin
morado (*m.*) bruise
morder (o>ue) to bite
moretón (*m.*) bruise
morir (o>ue) to die
mover(se) (o>ue) to move
mover el vientre to have a bowel movement

muchacha young girl
muchacho young man
mucho much, a lot
mueble (*m.*) piece of furniture
muela (*f.*) tooth, molar
muela del juicio (*f.*) wisdom tooth
muerte (*f.*) death
muestra (*f.*) sample
mujer woman
muleta (*f.*) crutch
muñeca (*f.*) wrist
músculo (*m.*) muscle
muslo (*m.*) thigh
muy very

N

nacer to be born
nacimiento (*m.*) birth
nada nothing
nadie nobody, no one
nalgas (*f.*) buttocks
nariz (*f.*) nose
natal natal
natalidad (*f.*) birth
natural natural
náusea (*f.*) nausea
necesario(a) necessary
necesitar to need
negativo(a) negative
negro(a) black
nervio (*m.*) nerve
nervioso(a) nervous
neurólogo neurologist
niña girl, child
niño boy, child
noche (*f.*) night
nombre (*m.*) name
normal normal
normalmente normally
notar to notice
Novocaína (*f.*) Novocaine
nuca (*f.*) nape
nudillos (*m.*) knuckles
número (*m.*) number
nunca never

O

o or
objeto (*m.*) object
obrar to have a bowel movement
obstruido(a) clogged
oculista (*m., f.*) oculist
ocupación (*f.*) occupation

ocupado(a) busy
ocurrir to happen
oficina (*f.*) office
oído (*m.*) ear
ojo (*m.*) eye
olor (*m.*) odor
ombligo (*m.*) navel
operación (*f.*) operation, surgery
operar to operate
opresión (*m.*) tightness
ordenar to order
órgano (*m.*) organ
orina (*f.*) urine
orinar to urinate
ortodoncia (*f.*) orthodontia
ortodoncista (*m., f.*) orthodontist
ortopedia (*f.*) orthopedics
orzuelo (*m.*) sty
oscuridad (*f.*) dark, darkness
otra vez again
otro(a) other, another
ovarios (*m.*) ovaries
ovulación (*f.*) ovulation
oxígeno (*m.*) oxygen

P

paciente (*m., f.*) patient
paciente externo outpatient
padecer to suffer
padre father
padres parents
pagar to pay
pago (*m.*) payment
paladar (*m.*) palate
pálido(a) pale
palpitación (*f.*) palpitation
pantalón (*m.*) pants
pantorrilla (*f.*) calf
papa (*f.*) potato
papá dad
papel (*m.*) paper
paperas (*f.*) mumps
par (*m.*) pair
para qué what for
parálisis (*f.*) paralysis
paralítico(a) paralyzed
paramédico(a) paramedic
parar(se) to stand up
parcial partial
parecer to seem, to look
pared (*f.*) wall
pariente (*m., f.*) relative
parir to give birth
párpados (*m.*) eyelids

parte (*f.*)   part
partera (*f.*)   midwife
parto (*m.*)   delivery
pasado(a)   last
pasar   to happen
pasillo (*m.*)   hallway
pasta dentífrica (*f.*)   toothpaste
pastel (*m.*)   pie, cake
pastilla (*f.*)   tablet, pill
pecho (*m.*)   chest
pediatra (*m., f.*)   pediatrician
pediatría (*f.*)   pediatrics
pedir (e>i)   to ask for, to request, to order
peligroso(a)   dangerous
pelo (*m.*)   hair
pene (*m.*)   penis
penicilina (*f.*)   penicillin
pensar (e>ie)   to think
peor   worse, worst
pequeño(a)   small, little
pera (*f.*)   pear
perder (e>ie)   to lose
pérdida (*f.*)   loss
perfectamente   perfectly
perfume (*m.*)   perfume
período (*m.*)   period
pero   but
perro(a)   dog
persona (*f.*)   person
pesado(a)   heavy
pesar   to weigh
pescado (*m.*)   fish
peso (*m.*)   weight
pestañas (*f.*)   eyelashes
pezón (*m.*)   nipple
picadura (*f.*)   cavity
picante   spicy
picazón (*f.*)   itching
pie (*m.*)   foot
piedra (*f.*)   stone
piel (*f.*)   skin
pierna (*f.*)   leg
píldora (*f.*)   pill
pinchar   to prick
pintura (*f.*)   paint
pinza de cejas (*f.*)   tweezers
piña (*f.*)   pineapple
piorrea (*f.*)   pyorrhea
piso (*m.*)   floor, story
placenta (*f.*)   placenta
plancha (*f.*)   iron
planificación (*f.*)   planning
planilla (*f.*)   form
planta del pie (*f.*)   sole of the foot
plástico (*m.*)   plastic

pleuresía (*f.*)   pleurisy
pobre   poor
poco(a)   little (ref. to quantity)
pocos(as)   few
poder (o>ue)   to be able to
policía (*m., f.*)   policeman, policewoman
poliomielitis (*f.*)   polio
póliza (*f.*)   policy
pollo (*m.*)   chicken
poner(se)   to put, to put on, to turn
por ejemplo   for example
por fin   finally
por lo menos   at least
por supuesto   of course
porción (*f.*)   portion
poros (*m.*)   pores
porque   because
positivo(a)   positive
posteriormente   later
postre (*m.*)   dessert
precaución (*f.*)   precaution
preferir (e>ie)   to prefer
pregunta (*f.*)   question
preguntar   to ask (a question)
prematuro(a)   premature
preocupado(a)   worried
preocupar(se)   to worry
preparación (*f.*)   preparation
preparar   to prepare
presión (*f.*)   blood pressure
primario(a)   primary
primero(a)   first
primeros auxilios (*m.*)   first aid
principio (*m.*)   principle
probar (o>ue)   to try
probeta (*f.*)   test-tube
problema (*m.*)   problem
profundo(a)   deep
pronto   soon
próstata (*f.*)   prostate gland
proteger   to protect
proteína (*f.*)   protein
próximo(a)   next
prueba (*f.*)   test
psiquiatra (*m., f.*)   psychiatrist
público(a)   public
puente (*m.*)   bridge
puerta (*f.*)   door
pulgada (*f.*)   inch
pulmones (*m.*)   lungs
pulmonía (*f.*)   pneumonia
pulso (*m.*)   pulse
punto (*m.*)   stitch, dot
punzada (*f.*)   sharp pain

purgante (*m.*)   purgative, cathartic
pupila (*f.*)   pupil
pus (*m.*)   pus

Q

quedar(se)   to stay, to remain
quejarse   to complain
quemadura (*f.*)   burn
quemar(se)   to burn (oneself)
querer (e>ie)   to want, to wish
queso (*m.*)   cheese
quién   who
quieto(a)   still
quijada (*f.*)   jaw
quimioterapia (*f.*)   chemotherapy
quiste (*m.*)   cyst
quitar(se)   to take out, to take off
quizá(s)   perhaps

R

rabadilla (*f.*)   coccyx
radiografía (*f.*)   X-ray
radiólogo   radiologist
rápidamente   fast, quickly
raquianestesia (*f.*)   spinal anesthesia
rasguño (*m.*)   scratch
rasurar(se)   to shave
rayos equis (*m.*)   X-rays
recepcionista (*m., f.*)   receptionist
receta (*f.*)   prescription
recibir   to receive
recién nacido(a)   newborn
recomendar (e>ie)   to recommend
reconocer   to examine, recognize
recordar (o>ue)   to remember
recto (*m.*)   rectum
refresco (*m.*)   soda pop
regalo (*m.*)   present, gift
regresar   to return
regularmente   regularly
relaciones sexuales (*f.*)   sexual intercourse
relajarse   to relax
reloj (*m.*)   watch
remedio (*m.*)   medicine
resfrío (*m.*)   cold
respiración (*f.*)   breath

respirar   to breathe
resto (*m.*)   rest
resultado (*m.*)   result
resumen (*m.*)   summary
retina (*f.*)   retina
reumatismo (*m.*)   rheumatism
revisar   to check
revista (*f.*)   magazine
riñón (*m.*)   kidney
ritmo (*m.*)   rhythm
rodilla (*f.*)   knee
rojo(a)   red
romper(se)   to break
ronco(a)   hoarse
ronquera (*f.*)   hoarseness
ropa (*f.*)   clothes
ropa interior (*f.*)   underwear
rubeola (*f.*)   german measles
ruido (*m.*)   noise

S

sábana (*f.*)   sheet
sacar   to pull, to take (stick) out
sal (*f.*)   salt
sala (*f.*)   ward room
sala de espera (*f.*)   waiting room
sala de maternidad (*f.*)   maternity ward
sala de parto (*f.*)   delivery room
salir   to go out
salir bien   to turn out okay
saliva (*f.*)   saliva
salud (*f.*)   health
salvar   to save
sangrar   to bleed
sangre (*f.*)   blood
sano(a)   healthy
sarampión (*m.*)   measles
sarna (*f.*)   scabies
sarpullido (*m.*)   rash
sarro (*m.*)   plaque
seco(a)   dry
secreción (*f.*)   secretion
secundario(a)   secondary
sedativo (*m.*)   tranquilizer
seguir (e>i)   to continue, to follow
segundo(a)   second
segundo nombre (*m.*)   middle name
seguro (*m.*)   insurance
seguro(a)   safe
seguro social (*m.*)   social security

semana (*f.*)   week
semen (*m.*)   semen
seno (*m.*)   breast
sentado(a)   sitting
sentar(se) (e>ie)   to sit, to sit down
sentir(se) (e>ie)   to feel
señal (*f.*)   sign, warning
señalar   to indicate
separar   to separate
servilleta (*f.*)   napkin
sexo (*m.*)   sex
si   if
SIDA (síndrome de inmuno-deficiencia adquirida)   *AIDS*
siempre   always
sien (*f.*)   temple
sífilis (*f.*)   syphilis
siguiente   following, next
silla de ruedas (*f.*)   wheelchair
similar   similar
sin   without
síntoma (*m.*)   symptom
sobre   about, on
sobrina   niece
sobrino   nephew
social   social
sofocar   to suffocate
sol (*m.*)   sun
solamente   only
solicitud (*f.*)   application
solo(a)   alone
sólo   only
soltero(a)   single
sopa (*f.*)   soup
sordo(a)   deaf, dull (pain)
sospechar   to suspect
sótano (*m.*)   basement
subir   to lift, to go up
suceder   to happen
sudor (*m.*)   sweat
suero (*m.*)   I.V. (serum)
suerte (*f.*)   luck
suficiente   enough
sufrir   to suffer
sugerir (e>ie)   to suggest
suicidarse   to commit suicide
sulfa (*f.*)   sulfa
supositorio (*m.*)   suppository

T

tabaco (*m.*)   tobacco
tableta (*f.*)   tablet
talón (*m.*)   heel

tamaño (*m.*)   size
también   also
tampoco   neither
tanto   so much
tapar   to cover
tarde (*f.*)   afternoon
tarde   late
tarjeta (*f.*)   card
técnico(a)   technician
techo (*m.*)   ceiling, roof
tejido (*m.*)   tissue
—graso (*m.*)   fatty tissue
televisión (*f.*)   television
temblor (*m.*)   twitching
temer   to be afraid, to fear
temperatura (*f.*)   temperature
tendencia (*f.*)   tendency
tener   to have
tener cuidado   to be careful
tener en cuenta   to keep in mind
tener que   to have to
tensión (*f.*)   tension
terminar   to finish
termómetro (*m.*)   thermometer
testículos (*m.*)   testicles
tétano (*m.*)   tetanus
tía (*f.*)   aunt
tiempo (*m.*)   time
tienda (*f.*)   store
tinte (*m.*)   dye
tintura de yodo (*f.*)   iodine
tiroides (*f.*)   thyroid
tío   uncle
toalla (*f.*)   towel
tobillo (*m.*)   ankle
todavía   yet, still
todo(a)   all
todo esto   all this
toma corrientes (*m.*)   socket, electrical outlet
tomar   to take, to drink
tomate (*m.*)   tomato
toronja (*f.*)   grapefruit
tórax (*m.*)   thorax
torcer(se) (o>ue)   to twist
tos (*f.*)   cough
tos convulsiva (*f.*)   whooping cough
tos ferina (*f.*)   whooping cough
toser   to cough
tostada (*f.*)   toast
total   total
trabajar   to work
trabajo (*m.*)   work
traer   to bring

tragar   to swallow
transfusión (*f.*)   transfusion
trasmitir   to transmit
tratamiento (*m.*)   treatment
tratar   to treat, to try
tripas (*f.*)   belly, intestines
tuberculina (*f.*)   tuberculine
tuberculosis (*f.*)   tuberculosis
tubo (*m.*)   tube
tumor (*m.*)   tumor
tupido(a)   constipated

U

úlcera (*f.*)   ulcer
últimamente   lately
último(a)   last
un poco   a little
ungüento (*m.*)   ointment
unidad de cuidados intensivos
   (*f.*)   intensive care unit
unos(as)...   about . . .
uremia (*f.*)   uremia
uretra (*f.*)   urethra
úrico   uric
urólogo(a)   urologist
urticaria (*f.*)   hives
usado(a)   used
usar   to wear, to use
útero (*m.*)   uterus
útil   useful
uva (*f.*)   grape

V

vacío(a)   empty
vacunado(a)   vaccinated
vacunar   to vaccinate
vagina (*f.*)   vagina
varicela (*f.*)   chickenpox
várices (*f.*)   varicose veins
variedad (*f.*)   variety
varios(as)   several
varón (*m.*)   male, boy
vasectomía (*f.*)   vasectomy
vasito (*m.*)   cup, little glass
vaso (*m.*)   glass
vecino(a) (*m., f.*)   neighbor
vejiga (*f.*)   bladder
vena (*f.*)   vein
vendaje (*m.*)   bandage
vendar   to bandage
vender   to sell
veneno (*m.*)   poison
venérea   venereal
venir   to come
ventana (*f.*)   window
ver   to see
verdad (*f.*)   true
verde   green
verdoso(a)   greenish
verduras (*f.*)   vegetables
verruga (*f.*)   wart
verse   to look, to see
vesícula (*f.*)   gallbladder

vestido (*m.*)   dress
vestir(se) (e>i)   to dress, to get
   dressed
vez (*f.*)   time (in a series)
viajar   to travel
vida (*f.*)   life
vidrio (*m.*)   glass
vieja   old woman
viejo   old man
vientre (*m.*)   abdomen
vino (*m.*)   wine
violento(a)   violent
virar   to turn over
viruela (*f.*)   smallpox
visita (*f.*)   visit
visitar   to visit
vista fatigada (*f.*)   eyestrain
vitamina (*f.*)   vitamin
vivir   to live
volver (o>ue)   to come (go) back
volverse (o>ue)   to turn over
vomitar   to throw up, to vomit
vómito (*m.*)   vomit

Y

yeso (*m.*)   cast
yogur (*m.*)   yogurt

Z

zapato (*m.*)   shoe

A

a lot   mucho(a)

abdomen   abdomen (*m.*), vientre (*m.*), barriga (*f.*), panza (*f.*)

about   sobre, acerca de, unos(as)

abortion   aborto (*m.*)

abscess   absceso (*m.*)

abuse   abuso (*m.*), abusar

accident   accidente (*m.*)

ache   dolor (*m.*), doler (o>ue)

acid   ácido (*m.*)

acidity   acidez (*f.*)

acne   acné (*m.*)

address   dirección (*f.*), domicilio (*m.*)

adhesive bandage   esparadrapo (*m.*)

admission   admisión (*f.*)

admit   internar (*ref. to a hospital*)

advice   consejo (*m.*)

advise   aconsejar

affect   afectar

afternoon   tarde (*f.*)

again   otra vez, de nuevo

against   contra

age   edad (*f.*)

aha   ajá

AIDS   *SIDA* (Síndrome de inmuno-deficiencia adquirida)

air   aire (*m.*)

alcohol   alcohol (*m.*)

alcoholic   alcohólico(a)

all   todos(as), todo(a)

allergic   alérgico(a)

allergy   alergia (*f.*)

almost   casi

alone   solo(a)

also   también

always   siempre

amount   cantidad (*f.*)

amphetamines   anfetaminas (*f.*)

amputate   amputar

anemia   anemia (*f.*)

anemic   anémico(a)

anesthesia   anestesia (*f.*)

ankle   tobillo (*m.*)

another   otro(a)

antacid medicine   antiácido (*m.*)

antibiotic   antibiótico (*m.*)

antihistamine   antihistamina (*f.*)

any   cualquier(a), alguno(a)

anything   algo

apetite   apetito (*m.*)

appendicitis   apendicitis (*f.*)

apple   manzana (*f.*)

application   solicitud (*f.*)

arm   brazo (*m.*)

around   alrededor (de)

arrive   llegar

artery   arteria (*f.*)

arthritis   artritis (*f.*)

artificial   artificial

ask   preguntar, pedir (e>i)

asleep   dormido(a)

aspirin   aspirina (*f.*)

asthmatic   asmático(a)

astigmatism   astigmatismo (*m.*)

at least   por lo menos

at the present time   actualmente

aunt   tía

authorization   autorización (*f.*)

authorize   autorizar

avoid   evitar

B

baby   bebé (*m.*)

—**bottle**   mamadera (*f.*), mamila (*f.*), biberón (*m.*)

—**tooth**   diente (*m.*) de leche

back   espalda (*f.*)

backbone   columna (*f.*) vertebral

backwards   hacia atrás

bad   malo(a)

bag   bolsa (*f.*)

balanced   balanceado(a)

balloon   globo (*m.*)

bandage   venda (*f.*), vendar

band-aid   curita (*f.*)

barely   apenas

basement   sótano (*m.*)

basic   básico(a)

bathe   bañar(se)

bathroom   cuarto (*m.*) de baño, baño (*m.*), excusado (*m.*)

bathtub   bañadera (*f.*), bañera (*f.*)

battery   batería (*f.*)

be   ser, estar

—**able (to)**   poder (o>ue)

—**born**   nacer

—**careful**   tener cuidado

beat   latir (*ref. to heart*), golpear, pegar

because   porque

bed   cama (*f.*)

bedpan   chata (*f.*), cuña (*f.*)

beer   cerveza (*f.*)

before   antes (de)

begin   empezar (e>ie), comenzar (e>ie)

believe   creer

bend   doblar

benign   benigno

besides   además

better   mejor

between   entre

big   grande

bill   cuenta (*f.*)

biopsy   biopsia (*f.*)

birth   nacimiento (*m.*)

—**control**   control (*m.*) de la natalidad (for) anticonceptivo(a)

—**mark**   marca de nacimiento (*f.*)

bite   morder (o>ue)

black   negro(a)

black-head   espinilla (*f.*)

bladder   vejiga (*f.*)

bland   blando(a)

blanket   frazada (*f.*), cobija (*f.*), manta (*f.*)

bleach   lejía (*f.*)

bleed   sangrar

bleeding   pérdida de sangre

blind   ciego(a)

blister   ampolla (*f.*)

bloated   aventado(a)

block   cuadra (*f.*)

blood   sangre (*f.*)

—**bank**   banco (*m.*) de sangre

—**count**   conteo (*m.*)

—**pressure**   presión (*f.*)

—**relative**   pariente cercano(a)

blouse   blusa (*f.*)

blue   azul

blurry   borroso(a)

boiling   hirviendo

bone   hueso (*m.*)

bottle   frasco (*m.*), botella (*f.*)

box   caja (*f.*)

boy   niño, varón, muchacho

break   romper(se), fracturar(se)

breakfast   desayuno (*m.*)

breast   seno (*m.*)

breath   respiración (*f.*), aliento (*m.*)

breathe   respirar

bridge   puente (*m.*)

bring traer
bronchitis bronquitis (*f.*)
broth caldo (*m.*)
brother hermano
bruise moretón (*m.*), morado (*m.*)
brush cepillo (*m.*), cepillar
building edificio (*m.*)
bunion juanete (*m.*)
burn quemadura (*f.*), quemar(se)
burning ardor (*m.*)
burp eructar
busy ocupado(a)
but pero
butter mantequilla (*f.*)
buttocks nalgas (*f.*), asentaderas (*f.*)
button botón (*m.*)
buy comprar

C

cadaver cadáver (*m.*)
caffein cafeína (*f.*)
cake pastel (*m.*)
calcium calcio (*m.*)
calf pantorrilla (*f.*)
call llamar
calorie caloría (*f.*)
calm calma (*f.*), calmar
cancer cáncer (*m.*)
candy dulce (*m.*), caramelo (*m.*)
canine canino
capsule cápsula (*f.*)
car carro (*m.*), coche (*m.*), automóvil (*m.*)
carbohydrate carbohidrato (*m.*)
card tarjeta (*f.*)
cardiologist cardiólogo(a)
cardiology cardiología (*f.*)
care cuidado (*m.*)
carry llevar, cargar
case caso (*m.*)
cash efectivo (*m.*), en efectivo
cashier cajero(a)
cast yeso (*m.*), escayola (*f.*)
cataracts cataratas (*f.*)
cathartic purgante (*m.*)
cause causa (*f.*), causar
cavity picadura (*f.*), carie (*f.*)
ceiling techo (*m.*)
center centro (*m.*)
cereal cereal (*m.*)
cerebrum cerebro (*m.*)

certain seguro(a)
certainly cómo no, ciertamente
cervix cérvix (*f.*)
cesarean cesárea
chancre chancro (*m.*)
change (*n.*) cambio (*m.*)
change cambiar(se)
check revisar, chequear
check-up examen (*m.*), chequeo (*m.*)
cheek mejilla (*f.*)
cheese queso (*m.*)
chemotherapy quimioterapia (*f.*)
chest pecho (*m.*)
chew masticar, mascar
chicken pollo (*m.*)
chickenpox varicela (*f.*)
child niño(a), criatura (*f.*)
chill escalofrío (*m.*)
chin barbilla (*f.*), mentón (*m.*)
chocolate chocolate (*m.*)
choke atragantarse
circulation circulación (*f.*)
clean limpio(a), limpiar
cleaning limpieza (*f.*)
clear claro(a)
clearly claramente
clinic clínica (*f.*)
clogged obstruido(a)
close cerca, cerrar (e>ie)
closed cerrado(a)
clothes ropa (*f.*)
coat abrigo (*m.*)
coccyx rabadilla (*f.*)
coffee café (*m.*)
coin moneda (*f.*)
cold frío(a), (*n.*) catarro (*m.*), resfrío (*m.*)
colic cólico (*m.*)
collide chocar
colitis colitis (*f.*)
colon colon (*m.*)
color color (*m.*)
   —**blindness** daltonismo (*m.*)
come venir
   —**in** entrar
comfortable cómodo(a)
commit suicide suicidarse
company compañía (*f.*)
complain quejarse
complete completo(a)
completely completamente
conceive concebir
condom condón (*m.*)
confirm confirmar
conjunctivitis conjuntivitis (*f.*)

consent consentimiento (*m.*), consentir (e>ie)
constantly constantemente
constipated estreñido(a), tupido(a)
consult consultar
contact lenses lentes (*m.*) de contacto
contagious contagioso(a)
contain contener
continue continuar, seguir (e>i)
contraceptive contraceptivo (*m.*)
contraction contracción (*f.*)
control control (*m.*), controlar
convulsions convulsiones (*f.*)
cook cocinar
cooked cocinado(a)
cookie galletita, galletica (*f.*)
coordinator coordinador(a)
corner esquina (*f.*)
correct correcto(a)
cosmetic cosmético (*m.*)
cough (*f.*) toser
count contar (o>ue)
couple par (*m.*), pareja (*f.*)
cover cubrir, tapar
cramp calambre (*m.*)
crawl gatear, arrastrarse
cream crema (*f.*)
crib cuna (*f.*)
cross cruz (*f.*)
cross-eyed bizco(a)
croup crup (*m.*)
crown corona (*f.*)
crutches muletas (*f.*)
cup taza (*f.*), vasito (*m.*)
cure cura (*f.*), curar
cured curado(a)
currently actualmente
curtain cortina (*f.*)
cut cortadura (*f.*), cortar
   —**down** disminuir
cyst quiste (*m.*)

D

dad papá
daily diariamente, diario(a)
damage daño (*m.*), dañar
dangerous peligroso(a)
dark oscuro(a)
darkness oscuridad (*f.*)
date fecha (*f.*)
daughter hija
day día (*m.*)
deaf sordo(a)

death muerte (*f.*)
decide decidir
deep hondo(a), profundo(a)
degree grado (*m.*)
delivery parto (*m.*)
—**room** sala (*f.*) de parto
dental dental
—**floss** hilo (*m.*) dental
dentist dentista (*m., f.*)
dentures dentadura (*f.*) postiza
department departamento (*m.*)
dermatologist dermatólogo(a) (*m., f.*)
dessert postre (*m.*)
destroy destruir
detachment desprendimiento (*m.*)
detergent detergente (*m.*)
determine determinar
diabetic diabético(a)
diagnosis diagnosis (*m.*)
diaphragm diafragma (*m.*)
diarrhea diarrea (*f.*)
die morir (o>ue)
diet dieta (*f.*), hacer dieta
dietician dietista (*m., f.*)
different distinto(a), diferente
difficult difícil
difficulty dificultad (*f.*)
digest digerir (e>ie)
diminish disminuir
dine cenar
diphtheria difteria (*f.*)
disability incapacidad (*f.*)
discomfort malestar (*m.*)
disinfect desinfectar
dizziness mareo (*m.*)
doctor doctor(a), médico(a)
doctor's office consultorio (*m.*)
dog perro
dollar dólar (*m.*)
door puerta (*f.*)
dosage dosis (*f.*)
dot punto (*m.*)
doubt duda (*f.*), dudar
down abajo
downward hacia abajo
dress vestido (*m.*), vestir(se) (e>i)
drink beber, tomar
drop bajar (*ref. to temperature*)
dropsy hidropesía (*f.*)
drug droga (*f.*)
—**addict** drogadicto(a)
dry seco(a)
dull sordo(a) (*ref. to pain*)
dye tinte (*m.*), teñir (e>i)

E

each cada
ear oído (*m.*)
easy fácil
eat comer
eczema eczema (*f.*)
effective efectivo(a)
egg huevo (*m.*)
ejaculate eyacular
elastic elástico(a)
elbow codo (*m.*)
electric eléctrico(a)
electrical outlet tomacorrientes (*m.*)
electrocardiogram electrocardiograma (*m.*)
elevator elevador (*m.*), ascensor (*m.*)
eliminate eliminar
else más
emergency emergencia (*f.*)
emphysema enfisema (*f.*)
empty vacío(a), vaciar
end fin (*m.*), final (*m.*), terminar
enema enema (*f.*)
enough suficiente
enter entrar
entry entrada (*f.*)
epilepsy epilepsia (*f.*)
equipment equipo (*m.*)
especially especialmente
ever alguna vez
every cada
examination examen (*m.*), chequeo (*m.*)
examine examinar, chequear
excrement excremento (*m.*), materia (*f.*) fecal, caca (*f.*)
exercise ejercicio (*m.*), hacer ejercicios
exhausted agotado(a)
expectorate expectorar
extract extraer
eye ojo (*m.*)
eye dropper gotero (*m.*), cuentagotas (*m.*)
eyebrow ceja (*f.*)
eyelashes pestañas (*f.*)
eyelid párpado (*m.*)
eyestrain vista (*f.*) fatigada

F

face cara (*f.*)
faint desmayarse

faithfully fielmente
fall caer(se)
family familia (*f.*)
far lejos
fast rápido(a), rápidamente, ayunar
fasting en ayunas
fat grasa (*f.*), gordo(a)
father padre
fatigue fatiga (*f.*)
favor favor (*m.*)
fear temor (*m.*), temer
feel sentir(se) (e>ie)
fertile fértil
fetus feto (*m.*)
fever fiebre (*f.*)
few pocos(as)
fiber fibra (*f.*)
fill llenar, (a tooth) empastar
—**out** llenar (i.e. a form)
finally finalmente
find encontrar (o>ue), hallar
finger dedo (*m.*)
finish terminar, acabar
first antes, primero(a)
—**aid** primeros auxilios (*m.*)
fish pescado (*m.*)
floor piso (*m.*), suelo (*m.*)
fluoroscopy fluoroscopía (*f.*)
foam espuma (*f.*)
follow seguir (e>i)
following siguiente
food comida (*f.*)
foot pie (*m.*)
for para, por
for example por ejemplo
forceps fórceps (*m.*)
forehead frente (*f.*)
form planilla (*f.*), forma (*f.*)
formula fórmula (*f.*)
forward hacia adelante
fracture fractura (*f.*), fracturar(se)
frequently frecuentemente, seguido, a menudo
fried frito(a)
from desde
fungi hongos (*m.*)
furniture muebles (*m.*)

G

gallbladder vesícula (*f.*)
gargle hacer gárgaras
gastritis gastritis (*f.*)
gauze gasa (*f.*)

general general
　—**practicioner** clínico
generally generalmente
German measles rubeola (*f.*)
get conseguir (e>i), obtener
　—**better** mejorar
　—**close** acercarse
　—**out** salir
　—**scared** asustarse
　—**up** levantarse
　—**worse** empeorar
gift regalo (*m.*)
girl niña, muchacha
give dar
　—**birth** dar a luz, parir
glands glándulas (*f.*)
glass vaso (*m.*), vidrio (*m.*)
glasses anteojos (*m.*), lentes
　(*m.*), gafas (*f.*), espejuelos
　(*m.*) (*Cuba*)
glaucoma glaucoma (*f.*)
go ir
　—**away** irse
　—**down** bajar
　—**in** entrar
　—**to bed** acostarse (o>ue)
　—**up** subir
goiter bocio (*m.*)
gonorrhea gonorrea (*f.*)
grandfather abuelo
grandmother abuela
grapefruit toronja (*f.*)
grease grasa (*f.*)
green verde
greenish verdoso(a)
groin ingle (*f.*)
group grupo (*m.*)
gum encía (*f.*)
guts tripas (*f.*), intestinos (*m.*)
gynecologist ginecólogo(a)

H

hair pelo (*m.*)
half mitad (*m.*), medio(a)
hallway pasillo (*m.*)
hamburger hamburguesa (*f.*)
hand mano (*f.*)
happen pasar, ocurrir
hard duro(a)
hardening endurecimiento (*m.*)
have tener
　—**a bowel movement** mover
　(o>ue) el vientre, hacer
　caca
　—**dinner** cenar
　—**lunch** almorzar

　—**to** tener que
hay fever fiebre (*f.*) de heno
head cabeza (*f.*)
health salud (*f.*)
healthy sano(a), saludable
hearing-aid audífono (*m.*)
heart corazón (*m.*)
　—**attack** ataque (*m.*) al
　corazón
　—**beat** latido (*m.*)
heavy pesado(a)
heel talón (*m.*)
help ayudar
hemorrhage hemorragia (*f.*)
hemorrhoids hemorroides (*f.*),
　almorranas (*f.*)
hepatitis hepatitis (*f.*)
here aquí, acá
hereditary hereditario(a)
herpes herpes (*m.*)
high alto(a)
hip cadera (*f.*)
hit (oneself) golpear(se)
hives urticaria (*f.*)
hoarse ronco(a)
hoarseness ronquera (*f.*)
hold aguantar
hole agujero (*m.*)
honey miel (*f.*)
hospital hospital (*m.*)
hot caliente
hour hora (*f.*)
house casa (*f.*)
how cómo
　—**long** cuánto tiempo
　—**many** cuántos(as)
　—**much** cuánto(a)
hurt (oneself) lastimar(se),
　hacer(se) daño
husband esposo, marido
hypertension hipertensión (*f.*)
hysterectomy histerectomía
　(*f.*)

I

ice hielo (*m.*)
iced helado(a)
if si
ill enfermo(a)
immediately inmediatamente
important importante
impotence impotencia (*f.*)
impotent impotente
in en, dentro de
　—**a hurry** de prisa
　—**case** en caso de (que)

inch pulgada (*f.*)
increase aumento (*m.*),
　aumentar
incubation incubación (*f.*)
incubator incubador (*m.*)
indicate indicar
indication indicación (*f.*)
infect infectar
infection infección (*f.*)
infectious infeccioso(a)
inflamation inflamación (*f.*)
information información (*f.*)
inject inyectar
injection inyección (*f.*)
injured person herido(a)
injury herida (*f.*)
insanity locura (*f.*)
insecticide insecticida (*m.*)
insemination inseminación (*f.*)
insert insertar
inside adentro, dentro
insomnia insomnio (*m.*)
instruction instrucción (*f.*)
insulin insulina (*f.*)
insurance seguro (*m.*),
　aseguranza (*f.*)
　—**company** compañía (*f.*) de
　seguros
intensive intensivo(a)
　—**care unit** unidad (*f.*) de
　cuidados intensivos
intoxication intoxicación (*f.*)
investigator investigador(a)
iodine yodo (*m.*)
iron hierro (*m.*), plancha (*f.*),
　planchar
irrelevant sin importancia
irritate irritar
irritated irritado(a)
irritation irritación (*f.*)
itching comezón (*f.*), picazón
　(*f.*)
I.U.D. aparato (*m.*) intra-
　uterino
I.V. serum suero (*m.*)

J

jacket chaqueta (*f.*)
jaw mandíbula (*f.*), quijada
　(*f.*)
jelly jalea (*f.*)
juice jugo (*m.*)

K

keep guardar, mantener
keep in mind tener en cuenta

kidney riñón (*m.*)
kill matar
kind amable
knee rodilla (*f.*)
know saber, conocer
knuckles nudillos (*m.*)

L

labor parto (*m.*)
— **pains** dolores (*m.*) de parto
laboratory laboratorio (*m.*)
large grande
last último(a), pasado(a), durar
— **night** anoche
late tarde
lately últimamente
later más tarde, después, posteriormente
laxative purgante (*m.*), laxante (*m.*)
leave irse, dejar, salir
left izquierdo(a)
leg pierna (*f.*)
lesion lesión (*f.*)
let (someone) know avisar
letter letra (*f.*), carta (*f.*)
leukemia leucemia (*f.*)
life vida (*f.*)
lift subir, levantar
light luz (*f.*), encender (e>ie) (*i.e. a match*)
light (*adj.*) ligero(a)
like como, gustar
— **this** así
limbs extremidades (*f.*)
limitation limitación (*f.*)
line línea (*f.*)
liniment linimento (*m.*)
lips labios (*m.*)
liquid líquido (*m.*)
list lista (*f.*)
little poco (*quantity*), pequeño(a) (*size*)
— **ball** bolita (*f.*)
live vivir
liver hígado (*m.*)
local local
look mirar, ver(se)
lose perder (e>ie)
— **weight** adelgazar, perder (e>ie) peso
loss pérdida (*f.*)
lotion loción (*f.*)
low bajo(a)
lubricate lubricar

luck suerte (*f.*)
lump bolita (*f.*), endurecimiento (*m.*)
lunch almuerzo (*m.*)
lungs pulmones (*m.*)
lying down acostado(a)

M

magazine revista (*f.*)
major mayor
majority mayoría (*f.*)
make hacer
make-up maquillaje (*m.*)
malaise malestar (*m.*)
male varón (*m.*)
malignant maligno(a)
mammogram mamografía (*f.*)
man hombre (*m.*)
manner manera (*f.*)
married casado(a)
massage masaje (*m.*)
match fósforo (*m.*), cerilla
maternity ward sala (*f.*) de maternidad
M.D. médico(a)
meal comida (*f.*)
measles sarampión (*m.*)
measure medir (e>i)
meat carne (*f.*)
medical médico(a)
— **history** hoja (*f.*) clínica
medicated medicinal
medicine medicina (*f.*), remedio (*m.*)
— **chest** botiquín (*m.*)
meningitis meningitis (*f.*)
menstruation menstruación (*f.*), período (*m.*), regla (*f.*)
mental mental
mercurochrome mercurocromo (*m.*)
method método (*m.*)
middle medio (*m.*)
— **name** segundo nombre (*m.*)
midnight medianoche (*f.*)
midwife partera (*f.*), comadrona (*f.*)
milk leche (*f.*)
mineral mineral
minor menor
miscarriage malparto (*m.*), aborto (*m.*) natural
moderate moderado(a)
mole lunar (*m.*)
mom mamá

moment momento (*m.*)
money dinero (*m.*)
month mes (*m.*)
more más
morning mañana (*f.*)
move mover(se) (o>ue)
much mucho(a)
mumps paperas (*f.*)
muscle músculo (*m.*)
must deber

N

name nombre (*m.*)
nape nuca (*f.*)
napkin servilleta (*f.*)
narrow estrecho(a), angosto(a)
natal natal
natural natural
nausea náusea (*f.*)
near cerca (de), cercano(a)
near-sighted miope
near-sightedness miopía (*f.*)
necessary necesario(a)
neck cuello (*m.*)
need necesitar
needle aguja (*f.*)
negative negativo(a)
neighbor vecino(a)
neither tampoco
nerve nervio (*m.*)
nervous nervioso(a)
neurologist neurólogo(a)
never nunca, jamás
newborn recién-nacido(a)
next próximo(a), siguiente
niece sobrina
night noche (*f.*)
nipple pezón (*m.*)
nobody nadie
noise ruido (*m.*)
normal normal
normally normalmente
nose nariz (*f.*)
nothing nada
notice notar
nourishment alimento (*m.*)
Novocaine Novocaína (*f.*)
now ahora
numb entumecido(a), entumecer
number número (*m.*)
nurse enfermero(a), dar el pecho, dar de mamar
nursing department enfermería (*f.*)

O

object objeto (*m.*)
occupation ocupación (*f.*)
oculist oculista (*m., f.*)
odor olor (*m.*)
of de
　—**course** por supuesto,
　　naturalmente
office oficina (*f.*)
oil aceite (*m.*)
oily grasiento(a)
ointment ungüento (*m.*)
old viejo(a)
　—**man** anciano
　—**woman** anciana
older mayor
on en, sobre
　—**one's back** boca arriba
　—**one's stomach** boca abajo
only sólo, solamente, único(a)
open abrir, abierto(a)
opening entrada (*f.*)
operate operar
operation operación (*f.*)
ophthalmologist oculista (*m., f.*)
or o
oral bucal (*ref. to mouth*)
orally por vía bucal
orange naranja (*f.*), anaranjado(a)
　—**juice** jugo (*m.*) de naranja
to order ordenar
organ órgano (*m.*)
orthodontia ortodoncia (*f.*)
orthodontist ortodoncista (*m., f.*)
orthopedics ortopedia (*f.*)
other otro(a)
outpatient paciente (*m., f.*) externo(a)
outside afuera
ovaries ovarios (*m.*)
oven horno (*m.*)
overweight exceso de peso
ovulation ovulación (*f.*)
oxygen oxígeno (*m.*)

P

pacemaker marcapasos (*m.*)
pack bolsa (*f.*)
　—**of cigarettes** cajetilla (*f.*)
pain dolor (*m.*)
painful doloroso(a)

paint pintura (*f.*), pintar
pair par (*m.*)
palate paladar (*m.*)
pale pálido(a)
palpitations palpitaciones (*m.*)
pamphlet folleto (*m.*)
pants pantalones (*m.*)
Pap Smear Test examen (*m.*) vaginal para el cáncer, Papanicolau (*m.*)
paper papel (*m.*)
paralysis parálisis (*f.*)
paralyzed paralítico(a)
paramedic paramédico(a)
parents padres (*m.*)
part parte (*f.*)
partial parcial
patient paciente (*m., f.*), paciente (*adj.*)
pay pagar
payment pago (*m.*)
peach durazno (*m.*), melocotón (*m.*)
pediatrician pediatra (*m., f.*)
penicillin penicilina (*f.*)
penis pene (*m.*)
perfect perfecto(a)
perfectly perfectamente
perfume perfume (*m.*)
perhaps quizá(s)
period período (*m.*)
person persona (*f.*)
pharmacy farmacia (*f.*)
phlegm flema (*f.*)
physical físico(a)
pie pastel (*m.*)
pill pastilla (*f.*), píldora (*f.*)
pillow almohada (*f.*)
pimple grano (*m.*)
pin alfiler (*m.*)
pineapple piña (*f.*)
place colocar
placenta placenta (*f.*)
plane avión (*m.*)
planning planificación (*f.*)
plaque sarro (*m.*)
plastic plástico (*m.*)
pleuresy pleuresía (*f.*)
pneumonia pulmonía (*f.*)
poison veneno (*m.*), envenenar
poisoning envenenamiento (*m.*)
police policía (*f.*)
policy póliza (*ref. to insurance*)
polio poliomielitis (*f.*)
pollen polen (*m.*)
poor pobre

pores poros (*m.*)
portion porción (*f.*)
positive positivo(a)
potato papa (*f.*)
pound libra (*f.*)
precaution precaución (*f.*)
prefer preferir (e:ie)
pregnancy embarazo (*m.*)
pregnant embarazada
premature prematuro(a)
preparation preparación (*f.*)
prepare preparar
prescribe recetar
prescription receta (*f.*)
press apretar (e>ie)
pressure presión (*f.*)
prick pinchar
primary primario(a)
principle principio (*m.*)
problem problema (*m.*)
produce producir, dar resultado
prostate gland próstata (*f.*)
protect proteger
protein proteína (*f.*)
psychiatrist psiquiatra (*m., f.*)
public público(a)
pull sacar, extraer (*ref. to teeth*), estirar
pulse pulso (*m.*)
pupil pupil (*f.*)
purgative purgante (*m.*)
pus pus (*f.*)
push empujar, pujar (*i.e. during labor*)
put poner, colocar
　—**away** guardar
pyorrhea piorrea (*f.*)

Q

quantity cantidad (*f.*)
question pregunta (*f.*)
quickly rápidamente

R

radiologist radiólogo(a)
raise levantar
rash salpullido (*m.*), erupción (*f.*) de la piel
read leer
ready listo(a)
receive recibir
receptionist recepcionista (*m., f.*)
recognize reconocer

recommend recomendar (e>ie)

rectum recto (*m.*)

red rojo(a)

regular regular

regularly regularmente

relative pariente (*m.*, *f.*)

relax relajarse

release dar de alta (*ref. to hospitals*)

remain quedarse

remember recordar (o>ue), acordarse (o>ue) (de)

report informe (*m.*), informar

request pedido (*m.*), pedir (e>i)

rest descanso (*m.*), descansar

result resultado (*m.*)

retina retina (*f.*)

return regresar, volver (o>ue)

rheumatic fever fiebre (*f.*) reumática

rheumatism reumatismo (*m.*)

rhythm ritmo (*m.*)

rib costilla (*f.*)

rice arroz (*m.*)

right derecho(a)
—away en seguida, inmediatamente
—here aquí mismo
—now ahora mismo

ring anillo (*m.*)

rinse enjuagar

robe bata (*f.*)

roof techo (*m.*)

room cuarto (*m.*), espacio (*m.*), sala (*f.*)

root raíz (*f.*)
—canal canal (*m.*) en la raíz

rub fricción (*f.*), friccionar

run correr
—into chocar

S

safe caja (*f.*) de seguridad, seguro(a)

salad ensalada (*f.*)

saliva saliva (*f.*)

salt sal (*f.*)

sample muestra (*f.*)

say decir (e>i)

save salvar

scab costra (*f.*)

scabies sarna (*f.*)

scalp cuero (*m.*) cabelludo

scarlet fever fiebre (*f.*) escarlatina

scratch rasguño (*m.*), rascar(se)

second segundo(a)

secondary secundario(a)

secretary secretario(a)

secretion secreción (*f.*)

see ver

seem parecer, verse

seizure ataque (*m.*)

sell vender

semen semen (*m.*)

separate separar

serious grave, serio(a)

several varios(as)

sex sexo (*m.*)

sexual intercourse relaciones (*f.*) sexuales

sexual partner compañero(a) sexual

sharp agudo(a)
—pain punzada (*f.*)

shave afeitar(se), rasurar(se)

shirt camisa (*f.*)

shoe zapato (*m.*)

short corto(a), bajo(a)

shoulder hombro (*m.*)

sick enfermo(a)

sickness enfermedad (*f.*)

side lado (*m.*), costado (*m.*)

sign firmar

signature firma (*f.*)

similar similar

since como

single soltero(a)

sister hermana

size tamaño (*m.*)

sit sentar(se) (e>ie)

sitting sentado(a)

skimmed milk leche (*f.*) descremada

skin piel (*f.*), cutis (*m.*) (*ref. to face*)

skull cráneo (*m.*)

sleep dormir (o>ue)

sleeve manga (*f.*)

slow lento(a)

slowly lentamente

small pequeño(a), chico(a)

smallpox viruela (*f.*)

smoke humo (*m.*), fumar

soap jabón (*m.*)

social social
—security seguro (*m.*) social

socket tomacorrientes (*m.*)

soda refresco (*m.*)

soft blando(a)

sole (*ref. to foot*) planta (*f.*) del pie

some algunos(as)

something algo

sometimes algunas veces, a veces

son hijo

soon pronto

sore llaga (*f.*)

soup sopa (*f.*)

space espacio (*m.*)

special especial

spicy condimentado(a), picante

spinal anesthesia raquianestesia (*f.*)

spine columna (*f.*) vertebral

spit escupir

spleen bazo (*m.*)

sponge esponja (*f.*)

spoonful cucharada (*f.*)

sputum esputo (*m.*)

squeeze apretar (e>ie)

stairs escaleras (*f.*)

stand aguantar
—up pararse

start empezar (e>ie), comenzar (e>ie)

stay quedarse

steak biftec (*m.*), bistec (*m.*)

sterility esterilidad (*f.*)

sternum esternón (*m.*)

stewardess azafata

still todavía

stich punto (*m.*)

stomach estómago (*m.*)

stone cálculo (*m.*), piedra (*f.*)

stool materia (*f.*) fecal, caca (*f.*) (*colloquial*)

store tienda (*f.*)

stove cocina (*f.*), estufa (*f.*)

street calle (*f.*)

stretch extender (e>ie)

stretcher camilla (*f.*)

strict estricto(a)

stroke derrame (*m.*)

sty orzuelo (*m.*)

suffer sufrir, padecer

suffocate sofocar, asfixiar

sugar azúcar (*m.*)

suggest sugerir (e>ie)

summary resumen (*m.*)

sun sol (*m.*)

sunstroke insolación (*f.*)

suppository supositorio (*m.*)

sure seguro(a), cómo no

surgeon cirujano(a)

surgery cirugía (*f.*), operación (*f.*)
surname apellido (*m.*)
suspect sospechar
swallow tragar
sweat sudar
sweet dulce (*m.*), caramelo (*m.*) dulce (*adj.*)
swollen hinchado(a), inflamado(a)
symptom síntoma (*m.*)
syphilis sífilis (*f.*)
syrup jarabe (*m.*)

T

table mesa (*f.*)
tablet pastilla (*f.*), tableta (*f.*)
take tomar, llevar
—**off** quitar(se)
—**out** sacar
tea té (*m.*)
teach enseñar
technician técnico (*m.*, *f.*)
television televisión (*f.*)
temperature temperatura (*f.*)
temple sien (*f.*)
tendency tendencia (*f.*)
tension tensión (*f.*)
test análisis (*m.*), prueba (*f.*)
testicles testículos (*m.*)
tetanus tétano (*m.*)
thanks gracias
that eso, que
then entonces
there allí, allá
—**are** hay
—**is** hay
thermometer termómetro (*m.*)
thigh muslo (*m.*)
thin delgado(a)
thing cosa (*f.*)
think creer, pensar (e>ie)
thorax tórax (*m.*)
throat garganta (*f.*)
throw up vomitar, arrojar
thyroid tiroides (*f.*)
tie amarrar, atar
tight apretado(a)
tightness opresión (*f.*)
till hasta
time tiempo (*m.*), vez (*f.*)
tired cansado(a)
tiredness cansancio (*m.*)
tissue tejido (*m.*)

toast tostada (*f.*), pan (*m.*) tostado
tobacco tabaco (*m.*)
today hoy
toe dedo (*m.*) del pie
toilet inodoro (*m.*)
tomato tomate (*m.*)
tomorrow mañana
tongue lengua (*f.*)
tonsil amígdalas (*f.*)
tonsilitis amigdalitis (*f.*)
too también, demasiado(a)
—**much** demasiado
tooth diente (*m.*)
toothbrush cepillo (*m.*) de dientes
toothpaste pasta (*f.*) dentífrica
total total
tourniquet ligadura (*f.*)
towel toalla (*f.*)
tranquilizer calmante (*m.*), sedativo(a)
transfusion transfusión (*f.*)
transmit trasmitir
travel viajar
treat tratar
treatment tratamiento (*m.*)
tree árbol (*m.*)
trouble molestia (*f.*)
trousers pantalones (*m.*)
true verdad, verdadero(a)
truth verdad (*f.*)
try probar (o>ue), tratar (de)
tube tubo (*m.*)
tuberculine tuberculina (*f.*)
tuberculosis tuberculosis (*f.*)
tumor tumor (*m.*)
turn volverse, (o>ue) ponerse, virar
—**out okay** salir bien
—**over** virar
tweezers pinza (*f.*) de cejas
twins mellizos(as), gemelos(as), cuates (*Mex.*), jimaguas (*Cuba*)
twist torcer(se) (o>ue)
twitching temblor (*m.*)

U

ulcer úlcera (*f.*)
umbilical cord cordón (*m.*) umbilical
unbearable insoportable
under bajo, debajo (de)
understand comprender, entender (e>ie)

underwear ropa (*f.*) interior
undress desvestir(se) (e>i)
until hasta
uremia uremia (*f.*)
urethra uretra (*f.*)
uric úrico
urinate orinar
urine orina (*f.*)
—**sample** muestra (*f.*) de orina
urologist urólogo(a)
use usar
used usado(a)
useful útil
uterus útero (*m.*)
uvula campanilla (*f.*), úvula (*f.*)

V

vaccinate vacinar
vaccinated vacunado(a)
vaccine vacuna (*f.*)
vagina vagina (*f.*)
varicose veins várices (*f.*)
variety variedad (*f.*)
vasectomy vasectomía (*f.*)
vegetable vegetal (*m.*), verdura (*f.*)
vein vena (*f.*)
venereal venérea
very muy
violent violento(a)
visit visita (*f.*), visitar
visitor visita (*f.*), visitador(a)
vitamin vitamina (*f.*)
vomit vómito (*m.*), vomitar, arrojar

W

waist cintura (*f.*)
wait esperar
waiting room sala (*f.*) de espera
wake despertar(se) (e>ie)
walk caminar, andar
wall pared (*f.*)
want querer (e>ie), desear
ward sala (*f.*)
warning aviso (*m.*)
wart verruga (*f.*)
wash lavar(se)
watch reloj (*m.*), observar
water agua (*f.*)
—**bag** bolsa (*f.*) de agua
way forma, manera
weak débil

weakness   debilidad (*f.*)
wear   usar
week   semana (*f.*)
weigh   pesar
weight   peso (*m.*)
well   bien, bueno
what   qué, cuál
  —for   para qué
wheelchair   silla (*f.*) de ruedas
when   cuando
where   done
which   cual
while   rato (*m.*)
who   quien
whooping cough   tos (*f.*) ferina,
  tos (*f.*) convulsiva
whose   cuyo(a)
wife   esposa
window   ventana (*f.*)

wine   vino (*m.*)
wisdom tooth   muela (*f.*) del
  juicio
wish   desear
with   con
within   dentro de
without   sin
woman   mujer
womb   matriz (*f.*)
work   trabajo (*m.*), trabajar,
  dar resultado
worried   preocupado(a)
worry   preocupar(se)
worse   peor
worst   el (la) peor
wound   herida (*f.*), herir (e>ie)
wounded   herido(a)
wrist   muñeca (*f.*)
write   escribir

X

X-ray   radiografía (*f.*)
X-rays   rayos (*m.*) equis

Y

year   año
yellow   amarillo(a)
yellowish   amarillento(a)
yesterday   ayer
yet   todavía
yogurt   yogur (*m.*)
young   joven
young girl   muchacha
young man   joven, muchacho
younger   más joven, menor

Z

zinc   cinc (*m.*)